至高神 大宇宙大和神の導き

操り人形の糸が切れるとき

88次元 Fa-A
ドクタードルフィン
松久 正

青林堂

はじめに

大宇宙大和神《オオトノチオオカミ》の初版である『至高神・大宇宙大和神の教え』の中で、私は「自分自身を知ることが大事」だとお伝えしました。「他人ではなく、自分を見せるのが大事」という話がメインで、そんなあまり厳しい話はしていなかったと思います。

大宇宙大和神は50次元に存在するので、大宇宙大和神の教えは宇宙の教えであります。この教えが示すところは、宇宙的進化を地球人にもたらすもの。

しかし、50次元のレベルからそのまま次元を下げずに降ろしてしまうと、そのエネルギーが高すぎて、地球人への教訓とはならず、ただ優しく見守っていることを伝えるだけにとどまってしまいます。大宇宙大和神は見守るだけで、それを良しとして、地球人が進化や成長、あるいは気づいて学ぶことをただ見守ることが、本来の役割なのです。

大宇宙大和神は、どちらかと言うと優しく、アソビノオオカミの方が厳しいのですが、その大宇宙大和神でさえ、今の状況を見て、やはり今のままの優しさだけでは不十分だと考えているようなのです。初版を出した頃（2021年1月）は、もう少し世の中がエネルギーを上げていく方向に進むのではないか、と大宇宙大和神も期待をしていたのですが、期待通りに世の中が動かなかったことに危機感を持ったのです。そのため、前回と同じ伝え方では駄目だと考えているようなのです。

地球人は、善悪を挟みながら話さないとわからないようなので、今回は少し善悪を挟みながら「こうした方がいい」という具体的なことを、大宇宙大和神はあえて次元を下げて言葉にしています。この本は、言うなれば神の頂点のメッセージ。天照大御神や卑弥呼、そしてジーザスをはじめ、すべての神や偉人は、大宇宙大和神の傘下にあり、そのすべてが大宇宙大和神の中にあるという、神の頂点のエネルギーであるため、すぐには非常に受け入れにくいところもあるかもしれません。言葉も文章もない世界にいる大宇宙大和神のエネルギーを、私、ドクタードルフィンが伝えようとしているのですから、本当に正確に伝えることはとても難しいのです。ドクタードルフィンがなんとか魂で捉えて最善の文章にしますが、みなさんには文章で捉えるのでもなく、言葉で捉えるのでもなく、ただ感じてもらいたいのです。

また、今回この本を出そうとするタイミングで、ホピ族と至高神である大宇宙大和神の関係性が解けてきました。ホピ族というのは、アメリカインディアンの部族の一つです。「ホピ」とは彼らの言葉で「平和の民」という意味です。そんな彼らが、神に導かれた際に告げられた教えが「ホピの予言」として知られています。彼らがどこから誰に連れられてやってきたか、この予言が誰から託されたか、そしてその予言が意味するものは何か。これらが本書のテーマと深く関係してきますので、ホピ族、そして「ホピの予言」についても、大宇宙大和神との関係性を交えながらお話ししていきます。

本書が、みなさまのお役に立つことを、心より願っています。

88次元 Fa－A

ドクタードルフィン 松久正

《目次》

第1章

至高神・大宇宙大和神と「ホピの予言」

アメリカインディアン・ホピ族との出会いとドクタードルフィンの覚醒

私は、カイロプラクティックについて学ぶため、アメリカに10年間留学していましたが、最後の４年間はアリゾナ州のフェニックスにある、私が尊敬しているドクターの元で診療していました。この頃の私は、自分がやるべきことを求めて、最ももがいていた時期で、もがきから解放してくれる癒しやひらめき、目醒めというものを求めていました。現代医学やカイロプラクティックを追求しても、私の進むべき道は見えてきません。そんな時ある人から、アリゾナ州にはネイティブアメリカンが神聖な場所としている、セドナという場所があることを教えてもらい、私はその場所を訪れることにしました。

セドナは、磁気エネルギーが渦巻く、地球のエネルギースポットである世界三大ボルテックスの一つで、赤い岩からなる風景の、見た目のインパクトだけでなく、そのエネルギーが本当に強烈なのです。ラジオの周波数が狂うくらい強力な電磁波が発生する場所で、ネイティブアメリカンが儀式を執り行う神聖な地です。そこを訪れる人々は、目醒めを感じたり、涙が無性に流れ出てきたり、気づきを得たり、自分の生き甲斐や使命に出会ったりするということを聞いていたので、私もそういうことを期待し、当時住んでいたフェニックスの家から車で1時間半だったこともあって、よく通っていました。

セドナには、アメリカ全土だけでなく、世界中から意識の高い人たちが集まってきていて、名だたるヒーラーやチャネラーなど、面白い人たちに会うことができました。その頃の私は、閉塞感の中、日々医療に取り組むことが精神的にキツくて、なんとか状況を打開しようとしたものの、できないままだったわけです。だからこそ、そこで出会うべくして出会った人々がいました。チャネラーがアセンデッドマスターをチャネリングするのを体験することで、私自身が気づき、学びを得ていったのです。アメリカインディアンのホピ族とも出会い、大きく学びました。ホピ族にとってもセドナは聖地とされていた場所で、「セレモニーがあるから、一緒に来ないか」と誘われて、ある時、私は参加してみることにしました。

ホピ族の酋長《しゅうちょう》は、十数人でダンスのセレモニーを見せてくれた後、私たち観客に向かって、「よく来てくれた。ここへ来たのは、あなたたちにすごい意味がある。今はわからないだろうけれど、いずれわかるだろう」と、謎《なぞ》めいた言葉を語ったのです。ちょうど何かを求めていた私は、この言葉に「何かが変わるんじゃないかな」と、すごく期待しました。そしてそれは、フェニックスの家に戻った翌日の夜明けのベッドの上で起こったのです。

私は、高校生の時に母からもらった15センチくらいの金色の観音像を持っていて、それをすごく大事にしていました。「これはあなたを守るものだから大切にしなさい」と、いきなり母から渡された私は、それから毎日手を合わせて、感謝の心で拝んでいました。アメリカに行く時にも持参し、寝室のベッドの枕元に置いて、手を合わせてから就寝していました。その夜も妻と並んでベッドに寝ていると、朝5時ぐらいに夢とも現実ともつかない中に、この観音像が現れたのですが、なんと、その像が完全に倒れていました。

私はこの観音像をすごく大切にしていたので、「これは大変だ」と思い、すぐに像を起こそうとしたその瞬間、脳の真ん中にある松果体に、弾丸でも打ち込まれたれたような衝撃が走りました。本当にものすごい衝撃で、私は、30センチは身体が跳びました。それでも急いで寝ている妻を起こしました。何かが起こることを期待していたこともあり「ボンってきた、ついにきた」と、私はとても興奮していたのに、妻は、私が寝ぼけているのだろうと思ったらしくて、相手にもしてくれません。「これは何かすごいことが起こったに違いない」と私は思いました。これが、私が高次元へと繋がった瞬間だったわけです。この強い衝撃により、私は、1週間ほど、首のムチウチで、頸椎《けいつい》カラーを装着することになりました。

この時から、ホピ族とは強い繋がりがあるのだろう、という予感はしていましたし、私が過去生において、ホピ族の大酋長であったということが、やがてわかってきたのです。ホピ族は、私にとって大切なエネルギーだったのです。

ホピ族の由来と「ホピの予言」の救世主

ホピ族には、「ホピの予言」という教えが授けられています。

この「ホピの予言」は、神に導かれてホピ族の今の居住地にやってきた際に、大精霊から告げられた予言だといわれていて、ホピの「第九の予言」は、人類の滅亡、地球の滅亡を意味しています。しかし、この中では次のように、救世主にも言及されています。

「ホピの予言」

【第一の予言】
現在の世界は白い肌の人間の文明が栄える。
次第に彼らはおごり高ぶりまるで地上の支配者になったように振る舞う。
白い兄弟は馬に曳かれる車に乗ってやってきてホピ族が幸せに暮らす土地を侵略する。

【第二の予言】
大地は馬に曳かれない車の車輪の声で満たされるだろう。

【第三の予言】
牛のような姿で大きなツノを生やした獣が多数現れるだろう。

【第四の予言】
我々の土地を鉄の蛇が横切るようになるだろう。

【第五の予言】
我々の土地に巨大なクモの巣が張り巡らされるだろう。

【第六の予言】
我々の土地に石の川が流れ陽を浴びると絵を生み出すだろう。

【第七の予言】
海が黒く変色し多くの生き物が死ぬだろう。

【第八の予言】
我々の一族と同じように長髪の若者がたくさん現れ、我々の生き方と知恵を学ぶために部族国家が参加するだろう。

【第九の予言】
天上にある天国の居住施設が地球に落下し衝突する。
その時には青い星が現れて、その後ホピ族の儀式は幕引きとなる。

人類を滅亡に導く「大いなる清めの日」が訪れる時、
遠い世界へ旅立っていた白い兄が欠けた石板を持って戻り
世界の邪悪を清め平和を導く。
白い兄は日いずる国から二人の従者を連れてやってくる。
一人は卍と十字の紋章を持つ。
もう一人は太陽の紋章を持つ。

この「白い兄」が救世主だとされていますが、これは日本人のことであるとも言われています。そしてこの救世主というのが、どうやら私のことなのだと。それが最近のリーディングで判明しました。この予言に出てくる「卍」は仏教を、「十字」はキリスト教のことを言っています。先日、東北エネルギー開きリトリートで、ジーザスと釈迦を覚醒・次元上昇させましたが、ここに神道を合わせて、トリプルでの宗教融合を人類史上、初めて執り行いました。その前に、まずは九州に行って、天照大御神と大宇宙大和神の次元上

幣立神宮にある大宇宙大和神の石碑

昇をさせ、その後、東北に行って、ジーザスと釈迦の次元上昇をさせましたが、こうしたこともすべてこの「ホピの予言」で語られていたのです。

この予言の中で「欠けた石板」というものが出てきますが、これは実物の石の欠片《かけら》を持ってくるということではなく、大宇宙大和神という神のエネルギーを持ってくる、ということだと私は考えています。実際、熊本県の幣立神宮《へいたてじんぐう》にある大宇宙大和神の石碑は、欠けているのです。

ここで、日本人は黄色人種であるのに、なぜ「白い兄」と表記されているのか、ということを私が読んでみたところ、エネルギーが高すぎて、白い光を纏《まと》っているために光り輝いているのを、白い姿に喩《たと》えたのです。

この「ホピの予言」は、これまですべてが的中しているので、この救世主の件も、今、実現進行中です。

このホピ族の由来について、以前に質問を受けたことがあります。そこで、私が読んでみると、ホピ族は、最後である第15代ムー王朝の末裔《まつえい》であることが判明しています。私はこれまで、初代から第15代までのムー王朝の所在を読みましたが、最後の第15代はハワイ島だったのです。当時のハワイ島はアメリカ大陸と陸続きになっていたため、ホピ族の先祖は、カリフォルニアからアリゾナへと渡っていったのだと思います。私は、初代ムー王朝の女王、第5代と第15代ムー王朝の皇帝でしたが、最後にムー大陸が海に沈む時にホピ族の先祖たちに大事にされて生き延び、その一族の取りまとめ役、つまり、ホピ族の先祖の中でも一番の大酋長となって、ホピ族を率いていたことがあるのです。

ムー王朝でレムリア文明の時代のエネルギーを再興するためには、地球エネルギーだけでは不十分だったので、高次元であるシリウス星文明やアルクトゥルス星文明よりも、さらに次元の高いベガ星文明のエネルギーを取り入れ、それによって初代から第15代までの王朝を築きました。その第6代のムー王朝があったのが奄美大島だと読んでいます。奄美大島はベガ星文明のエネルギーであることもわかっています。この第6代ムー王朝は滅亡しましたが、第1・2・3・4・5・6・7・8・9・10・11・12・13・14代ムー王朝は、日本やアジア・オセアニアに位置し、最後の第15代ムー王朝はハワイ島にありました。この最後の王朝を築いた時、ムー王朝は、レムリア文明のエネルギーの再興をどうしても実現したかったにもかかわらず、アトランティス文明のエネルギーが強くて、とうとうレムリア文明のエネルギーが途絶えてしまうのです。このことは「ホピの予言」の第一の予言に書かれています。

第一の予言とは

現在の世界は白い肌の人間の文明が栄える。
次第に彼らはおごり高ぶりまるで地上の支配者になったように振る舞う。
白い兄弟は馬に曳かれる車に乗ってやってきてホピ族が幸せに暮らす土地を侵略する。

この予言の「白い肌の人間」「白い兄弟」とは、アトランティス文明系、つまりヨーロッパ系白人の征服者のことを指しています。征服するエネルギーが地球をリードすることになる、ということをこの予言が物語っていて、これが1万5千年前から始まっているわけです。

「人間は制圧することを本当にやめなさい」

先述の1万5千年前というのは、熊本県にある幣立神宮に神漏岐《カムロキ》・神漏美《カムロミ》という神が降り立った、幣立神宮の始まりとされている時期と重なります。そこから5千年のブランクの後、大宇宙大和神が宇宙から地球に降臨し、そのまま幣立神宮を隠れ蓑にして隠れ身の神になったのが1万年前のことです。大宇宙大和神が隠れ蓑にしていた幣立神宮には、石碑があり、石碑には大宇宙大和神の名が書かれています。「ホピの予言」の中の救世主の

幣立神宮にある大宇宙大和神の石碑

予言に出てくる「欠けた石板」とは、この石碑のことであると思います。石碑が実際に欠けているのも、その予言通りで、ホピ族の救世主の予言というのは、まさに大宇宙大和神のエネルギーのことを指しているのです。

そして、第一の予言にある「白い兄弟は馬に

曳かれる車に乗ってやってきてホピ族が幸せに暮らす土地を侵略する」とは、世界の争い、つまり、白人至上主義のことを指します。「自分たちが一番優位で、他者は劣っている」という白人の考え方が大きな間違いで、その考えは、他者を制圧しようとすることにも繋がります。自分たちのエネルギーが1番で他はそうでないから、1番である自分たちのエネルギーで制圧するべきだというのは、アトランティス文明がムー文明を滅ぼしたエネルギーにほかなりません。大宇宙大和神が、この本で最も伝えたいのは「人間は、制圧することを本当にやめなさい」というメッセージなのです。

制圧には、レベルごとにいろんなものがありますが、最も高いレベルにある制圧は、宇宙戦争のことです。古代にあったオリオン星文明系の戦争のような宇宙戦争から、地球における宗教戦争や世界大戦、日本では戦国時代や幕末の内戦。実際に武力を使った戦争だけではなく、経済戦争もそうですし、政治の中で行われる政権争い、たとえば、政党同士で自分たちの政党が正しくて他は正しくないとして、他の政党を制圧しようとするのも、制圧の一つと言えます。これらは、すべて相手を制圧して、自分たちだけが利益を上げようという、勢力拡大による争いを意味しています。

そして、人間同士だけではなく自然界でも、この制圧が起こっているのです。文明が発達し、人間の生活が便利になっていく中で犠牲を負う、つまり制圧されている世界があります。それは、海の制圧、山の制圧、そして植物の制圧。人間の生活のために、木を好き放題に伐採したり、農作物をより多く生産するために、殺虫剤を使ったり……これは、人間たちのエゴに過ぎません。人間は、自然界をも、自分たちに都合よく制圧してきたのです。

1万5千年前にムー王朝が滅亡してからこれまで、これらが繰り返されてきたわけですが、そろそろ終止符を打たないといけない時がやってきているのです。大宇宙大和神が今、嘆いています。そして、1万5千年前の叡智《えいち》を取り戻さないといけない、と。無理矢理にでもムー文明のエネルギーを今こそ再生させないと、人類は駄目になる、と警告しています。だから、今、ホピ族の情報を私に降ろして「おまえが救世主だ」と伝えています。少し前なら、自分は救世主だ、と言ったら「頭がいかれた宗教者」と、思われると恐れていましたが、今の私は、誰にも理解することはできないほど高次元にいるので、この大宇宙大和神の言葉も、素直に受け入れることができます。

レムリア文明やムー文明というのは、シリウス星文明系のエネルギーを大事にしていました。これは愛と調和のエネルギー。愛と調和が成り立つためには、個の独立または強化と、融合または調和。これがなされて初めて、レムリア文明のような、愛と調和の世の中になるわけです。愛と調和を支える人間のあり方というのは、個の強化または個の独立、融合または調和ですが、制圧というのはこれとはまったく逆のあり方で、融合ではなく個を抑圧し、統合することで個を弱体化、または、なくしてしまうことです。今の世界の政治もそうです。新型コロナウィルスの影響で「マスクを着用しろ」「ワクチン接種しろ」と統制して、同じ考え方を植え付け、それに従わなければダメ人間だと排斥されてしまう。それを力ずくで上から統制しているのは、ムー文明を滅ぼしたアトランティス文明のやり方と同じなのです。制圧が悪いのは、個人の生命を完全に軽視して、さらに、人間以外のエネルギーをすべて排除、破壊しようとしているからです。大宇宙大和神は、これを一番危惧していて、こう言っています。「制圧することをやめなさい」。

地球人はプラスだけで物事が成り立っていると勘違いしている

大宇宙大和神が隠れ身の神となっていた幣立神宮では、五色人祭を5年に一度行っていて、世界人類の祖神である五色人（赤・白・黄・黒・青人）をお祭りしていますが、これは、全世界の人々が互いに認め合い、いろんな宗教や思想の人が集まって融合しようというお祭りです。人種や宗教、思想が違っていても、みんなが融合してやっていくというのは、宇宙の普遍の教えなのです。それが、愛と調和、レムリア文明の再興に繋がっていくことになりますが、今は、肌の色や人種で排斥したり、宗教によって多くの人を抑圧したり、「自分たちさえ良ければ」という考え方が、大多数を占めています。

たとえば、海外のどこかで飛行機事故が起こったら、日本人が搭乗していたかいなかったか、ということが、まずニュースで取り上げられる。そして、日本人が一人でもいれば大騒ぎになるのに、いなければどんなに大勢の人がその事故で亡くなっていても、お悔やみの言葉もなく淡々と事実だけを読み上げて、コメンテーターが「日本人に被害がなくて良かったですね」と、コメントするだけ。メディアにとっては、日本人がそこに入っていなければいいわけです。これはとても利己的で、制圧的な姿勢です。その考えが日本人だけではなく、地球人すべての根底に根付いているのは、アトランティス文明によってこの1万5千年もの間に洗脳されてきたからで、それが地球人の常識になってしまっている。これはとても危険なことで、大宇宙大和神は、地球がこのままなら本当に、ホピの第九の予言のように、人類は破滅してしまう方向に進んでいく、と伝えています。今は救世主が出るか出ないかの瀬戸際だ、と言っているのです。

予言通りに破滅へと向かっていくのか、それとも、それを回避して今は第四の予言の世界にいる人類が新しい第五の予言の世界に入っていくことができるのかは、救世主の教えを守れるかどうかにかかっています。この救世主の教えとは、大宇宙大和神の教えそのものであり、調和や融合を示しています。「自分にとって良ければ、どこかに必ず自分にとって良くない存在がある」というのは、宇宙的には当たり前のことです。プラスを作れば、どこかでマイナスが生まれるというのが宇宙の法則ですが、この考えが地球人には欠けていて、プラスだけで物事が成り立っていると勘違いしているのです。自分たちが豊かになれば、どこかで必ずマイナスの部分が生じていて、便利になれば公害が発生するし、自然破壊が進みます。人間同士、そして動植物や自然環境に対して、そういう考えを持たない限り、愛と調和というレムリア文明の再興に近づくことはできないということです。今回お伝えするホピ族のメッセージを、大宇宙大和神がこれほどまでに私に降ろしてくるのは、ここに気づきなさい、ということです。

ホピ族の教えや予言は、大宇宙大和神の教えに繋がっている

至高神である大宇宙大和神が、私、ドクタードルフィンを通して伝えているのは、ホピ族のエネルギーが、大宇宙大和神とすごく共鳴している、ということ。ホピ族の教えや予言は、大宇宙大和神の教えに繋がっているのです。

「ホピの予言」の第一の予言は、

現在の世界は白い肌の人間の文明が栄える。次第に彼らはおごり高ぶりまるで地上の支配者になったように振る舞う。白い兄弟は馬に曳かれる車に乗ってやってきてホピ族が幸せに暮らす土地を侵略する。

この「白い肌の人間」とは、ホピ族の祖先である第15代のムー王朝を制圧したアトランティス文明由来の人々のことを指していて、その「文明」とは、アトランティス文明系の白人文明のこと。これが人類の文明を作り、制圧を拡大しながら文明は栄えていく。そして、アメリカ大陸ではインディアンを追い払い、古いものを全部除去して、自分たちに都合の良い社会に全部書き換えたのです。この予言はすでに実現しています。

「ホピの予言」の第二の予言は、

大地は馬に曳かれない車の車輪の声で満たされるだろう。

「馬に曳かれない車の車輪」とは、自動車のことを指しており、その「声で満たされる」とは、車社会を意味しています。この予言が意味していることは、公害、そして、自然破壊のことです。自然環境を破壊して、動植物の領域にまで入ってしまうことは、とても問題なのに、それを問題だと思わずにいることは、制圧にほかなりません。

自然環境を制圧して道路を造る。これは人間の生活にはとても便利なものですが、動植物や自然環境に対して良くないことをしているという意識を、持つのと持たないのとでは大きな差があります。今からでもその意識を持つようになれば、自動車を運転していても、愛と感謝の気持ちで自然環境と融合していくことができるはずです。文明を持つ人間は、自分たちだけの社会問題を解決しようと一生懸命で、人間以外のことにはまったくフォーカスしない。大宇宙大和神は「人間のことと同様に、植物や昆虫、動物のことを考えて、すべての存在にとってメリットのあることを選んでいかなければならない。今までは、人間だけのことを考えてやってきたから、ほかのものにはすべてマイナスのことばかりだったのだ」と、言っています。

第三の予言は、

牛のような姿で大きなツノを生やした獣が多数現れるだろう。

これは、外来生物の到来を意味しています。様々な種類の昆虫や動物が海外から入ってくることで、そこに住んでいた在来の固有種が生きていけなくなり、生態系が変化し、環境が変わってしまうことを言っています。日本は四季のある、温暖で心地よい所ですから、日本の動植物は、この住み良い環境でなければ生きていくことは難しいのです。一方で、熱帯や寒冷地、雨があまり降らない所や太陽の日照時間が少ない所で育つ動植物は、生命力や繁殖力がとても強く、どんな場所でもどんどん拡大していきます。

人間も同じで、強い白人は文明が高く、武力を持ち、武力を持たない土着人は、この強い白人に制圧されていくばかりです。アトランティス文明がムー文明に対して行ったように、強力な武力で他者を制圧し、強い者が弱い者を撲滅して、強い者の環境に変えてしまうということを、この予言は意味しています。

第四の予言は、

我々の土地を鉄の蛇が横切るようになるだろう。

この中の「鉄の蛇」とは、鉄道のことです。レムリア文明やムー文明の時代では、こうした輸送機関がなかったため、移動範囲が限られていましたが、移動範囲が大きくなくても十分幸せ度が高かったのです。移動距離については、第六の予言で詳しく書きますが、ここから学ばなければならないことがあります。

鉄道や飛行機が登場し、移動手段が発達したことは良いことですが、人間が便利になるということは、人間以外のものにとっては便利ではなくなるということ。このポジティブとネガティブのバランスを、考えておかないといけません。あまり便利すぎると、はじめはワクワクしてうれしいといった気持ちを持ちますが、やがて、それが当たり前になる。当たり前になると、人間は泣いたり笑ったり、喜んだり、感動したりする感覚が薄れていくものです。昔の子どもは、土遊びをしたり、昆虫と遊んだり、自然と触れ合うことが多かったのですが、今はバーチャルの世界で遊ぶことで、本物の喜びや感動を感じられない子どももすごく多くなっています。それでは、愛と調和から遠のいてしまうだけ。便利すぎるというのは、危険信号だということです。ただし、バーチャルにしてもＡＩにしても、便利になるのはもちろん悪いことではないので、大宇宙大和神は、便利さがすべてダメだと言っているわけではありません。

今の地球人の魂意識は、宇宙にばかり目が向いていて、地に足が着いていません。地に足が着いていないと、ベースチャクラが弱くなるため地球とのグランディングがなくなるわけです。とても不安定なまま立っているような状態ですから、不安で怖いという感情に捉われることになります。

今の地球には、こういう地球人ばかりが生まれてきています。これが便利になり過ぎた結果で、とても危険なことです。その上に、メディアが脅すような情報ばかりを流すので、余計に足が地に着かなくなってしまい、不安と恐怖に煽《あお》られて、支配者の言いなりになるしかない。彼らはとても巧妙なのです。まるで操り人形のように、操り糸にはしっかりと繋がっているが、地に足が着いていない人間を作り出して、うまく統治する。この操り人形こそが、今の地球人の姿そのものです。この第四の予言は、便利すぎることがとても危険であり、喜んだり、感動したりする感覚を大事にして、原点回帰することが必要であることを伝えています。「人間が生きることを感じなさい。もっと太陽を浴びなさい、風を感じなさい。海や森の香りを嗅いで、鳥や虫の声を聞きなさい。超古代では、そこに喜びと感動があったのだ」と、大宇宙大和神も言っています。

ホピ族の第五の予言は、

我々の土地に巨大なクモの巣が張り巡らされるだろう。

この「巨大なクモの巣」とは、電線や電話線、インターネットなどを指しています。こうした通信環境の整備によって、人々の生活は非常に便利になりましたが、やはり気を付けないといけないのは、電磁波や放射能といった外的因子です。

人間のエネルギーを乱しやすい最大の外的因子は、電磁波、放射能、ウィルスです。この「三大外的因子」が人間を変える力を最も持っているのです。

大宇宙大和神が今言っているのは、まずは「電磁波が高くなればなるほど、エネルギーの振動数も大きくなり、やはり人への影響力が強くなる」ということ。

しかし、こうした外的因子の影響を受ける人と受けない人がいて、中でも悪い影響を受ける人には、明らかな特徴があるのです。

意識エネルギーを上げることで悪影響を受けない

私は意識振動数が特別に高く、普通の人間の領域にいないので、影響を受けないだけでなく、電磁波や放射能、ウィルスなども、ある程度までは、すべて自分の味方につけてしまいます。自分を進化・成長させて、意識エネルギーの振動数を上げていくことで、こうしたものから悪い影響を受けることはなくなっていきます。

また、鋭い直感力や音楽のようなアーティスティックな才能といったものも、電磁波や放射能などからの悪影響を減らします。しかし、ほとんどの人はそれができません。反対に、電磁波、放射能、ウィルスをマイナスに捉え、不安や恐怖から、その対象を制圧しようとすればするほど、悪い影響を受けることになるのです。

こうした話を政治家や役人などがすれば、必ず宇宙から応援してもらうことができるはずなのですが、残念なことに、今の専門家やメディアなどの言うことを聞いて、「ウィルスは怖いんだ、放射能は怖いんだ、電磁波も怖いんだ、自分に対して害を及ぼすものだから、悪者なのである」と、恐れています。そして、こうした意識が、地球の99％以上を占める集合意識として、存在する宇宙を成立してしまっているのです。

私はこの集合意識の世界を飛び出して、私の意識自体が創り出した宇宙に存在しているので、外的因子の影響を受けることはありませんが、ほとんどの人は、この集合意識の宇宙の中にいるため、必ず悪い影響を受けています。

大宇宙大和神が、こうした悪い影響を受けている人に対して伝えたいのは「あなたの意識エネルギーを上げなさい」ということです。意識振動数、とも呼べるかもしれませんが、意識エネルギー、意識振動数を上げなさい。エネルギーの振動数、意識エネルギーの振動数を上げなさいと、大宇宙大和神は言っているのです。

それでは、どうしたら意識振動数を上げることができるのでしょうか。そのためには、不安や恐怖、そして、怒りの気持ちを取り除き、その上で、その対象となるもの……電磁波や放射能、ウィルスがあっても「これは私には害を及ぼさない。大丈夫だ」と、受け入れることなのです。

アイヌ民族は、ウィルスのことを、「旅する病気の神様」と呼んでいますが、電磁波や放射能もまた同じなのです。すべてが「旅する神様」なのです。ウィルスは生命体であって、電磁波と放射能は生命体ではない、と一般的にはそう教えられていますが、すべては生命、同じ「波」なのです。ウィルスも振動数でできている生命で、意識を持っています。それは、電磁波も放射能も同じなのです。

彼らは意識を持っているため、自分たちを恐れているものや怒りをぶつけてくる人に、攻撃をするのです。それは、彼らにとって、こうした恐れや怒りが、とても不快なものだから。ウィルス、電磁波、放射能には「悪」だけでなく「善」の役割もあります。

だから、私はみなさんに「愛と感謝をもってすべてを受け入れなさい」と、教えています。そういう意識を投げかければ、ウィルス、電磁波、放射能もその意識を受け止めて、好意的な態度を示してくれるようになります。そうすると、意識振動数が上がり、やがて、悪い影響を受けなくなってくるのです。これがすごく大事なのです。

とはいえ、なかなか簡単には受け入れることができないものです。どうしても心配してしまうものですが、そうすると、悪いものだと設定した集合意識の宇宙に入ってしまうので、悪い影響を受けることになってしまうのです。

今はスマートフォンが普及して、日本人のほとんどが持っていますが、電磁波は自分の友である、というくらいに思っておけばいい。必要以上に、不安になることはないのです。

ネットのコミュニケーションは松果体を活性化させない

大宇宙大和神が強く伝えようとしているのは、ホピ族の第五の予言が示す「便利になりすぎる」ということです。

インターネットが普及する以前は、直接会って話をする機会も今よりは多かったわけです。対面でお互いに顔を見るだけで、お互いのエネルギーを感じることができたので、調子が良いとか悪いとか、今ハッピーとか悲しいとか……そういうものがわかりました。電話で声を聞くだけでもわかることもありました。

それが、今は、コミュニケーションの方法がメールやＳＮＳなどがメインになっていて、絵文字とかを使って無理矢理伝える、といった感じになってしまっている。

しかし、レムリア文明の時代から、コミュニケーションで大事なことは、その人の醸し出すエネルギーだったのです。何かその人の存在を感じるだけで、そのエネルギーを読み取ることができたので、松果体というのが発達しやすかったのです。松果体が発達しやすいということは、宇宙の叡智と繋がって、自分に必要な知識や情報を得られるということで、もっと楽で愉《たの》しく生きることができていたのです。

だから、SNSなどが発達して、電波だけでコミュニケーションを取るようになると、エネルギーの交流が弱くなり、宇宙の叡智とは繋がれなくなってしまう。

最近では、zoomなどのウェブ会議アプリをビジネスやプライベートで利用する人が増えました。メールやSNSとは違い、画面で表情が見えますし、たまに使うなら良いとは思います。

しかし、実際に対面することで、視覚や聴覚などの五感を通して、目に見えないエネルギーを感じることができ、感覚がとても繊細になり、松果体の能力向上に繋がるのです。五感が発達することで、最終的には直感も良くなります。

松果体は、そこに直接入る叡智情報が主なものですが、それ以外には、五感を通した感覚を取り入れて、宇宙からの情報を得る場合もあります。メールやSNS、zoomなどのようなツールから得る情報は、いきなり脳に伝わってしまうため、松果体にその情報が入りにくい。しかし、生まれつき五感に障がいのある人は、五感を通さずに、より多くの宇宙叡智を松果体で受け取るため、実際として、松果体を活性化する能力は高くなります。

実際に会って話をすると、相手も自分自身をさらけだして接することになる一方、メールやSNS、zoomというのはオブラートがかかっているので、自分を誤魔化したり隠したりすることができてしまう。zoomでは、表情は読み取れるのかもしれませんが、実際には、その空気感や時空間を感じることはできません。時空間が異なるため、「リアル」ではない。

宇宙的に言うなら、「今ここ」のエネルギーが宇宙と繋がるのですが、インターネット上でのコミュニケーションは、時間も空間も離れているため、宇宙のエネルギーと繋がりにくくなります。自著『松果体革命』（ナチュラルスピリット）で私が書いているように、集合意識は脳で処理されますが、宇宙の高次元エネルギーに繋がるのは松果体なのです。

そういう意味で言うと、インターネット上だけでの交流は、たまにやるのは良いのですが、真の「今ここ」の交流ができないので、松果体のポータルを開いて宇宙の叡智と繋がりにくい。そうすると、宇宙からのサポートが受けられなくなるので、人生がうまく行かなくなることが多くなるのではないかと考えます。

また、ｚｏｏｍなどは、脳では共鳴することができても、魂が共鳴できないため、お互いの信頼関係というものが弱まってしまいます。とても便利なツールですが、こればかりに頼ってしまうと、三次元の社会でうまくいっていた人や企業も、変わってしまうでしょう。

移動ではなく今いる場を楽しむ

第六の予言は、

我々の土地に石の川が流れ陽を浴びると絵を生み出すだろう。

これは、高速道路のことを指しています。高速道路は、移動する際にはとても便利なものですし、海外にあるような郊外の広い土地で、自然環境をそれほど破壊していないものであれば、そんなに悪くないとは思うのです。

しかし、日本をはじめとした多くの高速道路は、橋脚を造って道路にしているので、日陰を作り出し、その上に危ないのです。「陽を浴びると絵を生み出すだろう」とは、こうした陰のことを指していると考えられます。高速道路は、交通事故が起きやすくなりますし、造られた当時はいいのですが、経年劣化によって、舗装のひび割れや土台となっている橋脚部分の破損なども発生し、事故の原因となることもあります。

今までは、人間は、進化して文明が発達すると、移動距離も増えて、面白く楽しく生きるだろうと生きてきましたが、大宇宙大和神は「今の人間は移動し過ぎている」と、言っているのです。

いろんな土地に行って、いろんな時空間やその土地の空気を感じるのはすごく良い体験ですが、宇宙原則で考えた場合、あまり移動せず、ある場所にいることが自分にとっての幸せであるという感覚こそが、これからの振動数を上げる、意識を上げる良い生き方に繋がります。これは、同じ所にいて、いろんな感覚を持ったり、自分の中でいろいろ感じたりしながら生きること。太陽を浴びたり風を感じたり、空気の匂いや鳥の声……そういうものを感じながら、今ここにいる自分が充実し、どこにも行かなくても自分は幸せなのだ、と感じつつ生きることが大事なのです。

昔の人がなぜ良かったかと言うと、同じ所にいてほとんど動かず、その場で楽しみや喜びを感じながら、感動しながら生きていたからです。だから非常に安定し、強かった。

しかし、今の人は移動し過ぎて、その場で自分を味わうという生き方ができなくなってしまっています。「じっとしていると退屈だ、面白くない」という考えを持つようになってしまうことは、とても問題なのです。退屈で、同じ場所にいると不安だからと言って、すぐ場所を変えたり、遠くへ行ったりすることをやり過ぎている。たとえば、旅行するのは良いけれど「今ここにいるのが不満だからどこかへ行く」という感覚の旅行は、逃げているだけです。気づいたり、学んだりといった体験を目的としていなければ、その旅行自体の体験では、振動数が上がることはありません。

また、プライベートだけでなく、ビジネスでも、今の人は移動し過ぎています。実際に出向かないとダメという時もありますし、本当に移動しないとできないこともあるとは思いますが、「毎回出張ばかり」というのはどうでしょう。たしかに、出張をすれば、気分転換にもなりますし、出張先でおいしいものを食べることもできますから、忙しい仕事の中での息抜きとしては悪くはありません。しかし、仕事が楽しくないから外で楽しもうと、無意識に考えているところもあるのではないでしょうか。

移動というのは、いろんなお金が動きますし、いろんなエネルギーを使わなければならないなど、多くの犠牲が伴います。そもそも、持ち前の時空間で楽しめないでいる人間は、どこにいても、その人のエネルギーを上げることには繋がりません。

こうした現代人に対して、大宇宙大和神が、今、伝えているのは、「自分だけの時空間を大切にしなさい」ということ。家の中で、自分が一番ホッとする時間や心和む場所、または、近所の公園などで、自分の魂が穏やかになる時間や空間を作りなさい、そして、それを楽しみなさい、と大宇宙大和神は言っているのです。その時には、お気に入りの音楽を聴いたり、映画を観たり、アロマやお香の香りなどを楽しむことで、五感を刺激し、自分だけの時空間を創り出せれば、移動せずに、もっと自分自身が充実し、幸福になるはず。

そういう感覚が今減ってきているのは、この予言通りに、文明が発達してきたことが影響しています。

ここ数年は、新型コロナウィルスの影響によるリモートワークやステイホームで、家族と過ごす時間が増えた、という人も多くなっていますが、これは「今ここにある自分の幸せ」を実感するための良いきっかけでもあると思うのです。

新型コロナウィルスは大きな「学ばせ役」。ただただ、支配者の言うことばかりを信じてはいけない、と気づかせるのも役割の一つですが、どこにも移動しなくても、何もしなくても、自分がいるだけで、楽で愉しい、という究極の時空間、そういう感覚を楽しむ力を、今こそ身につけなさいというメッセージを、私たちに伝えてもくれています。だから、「病気になるのが怖い」と、ただ、不安を抱きながらこもっているだけではダメで、こうした時間や空間を充実させ、楽しむことがエネルギーの上昇に繋がるのです。

今はオンラインで、ショッピングやデリバリーだけでなく、習い事や診療までできるので、移動時間を減らして、自分時間をより多く持つことができます。オンラインには先ほどお話ししたデメリットはありますが、それを十分に理解した上で、最小限にうまく活用して、それで作り出した時間は、意識振動数を上げるために使っていきましょう。

原点回帰の必要性

「ホピの予言」の第七の予言は、

海が黒く変色し多くの生き物が死ぬだろう。


この予言は、石油やゴミによる海洋汚染を意味しています。

これは、文明の発達とともに、どうしても出てくる問題であり、とても難しい課題です。

文明が発達してくると、それに伴って汚物が排出され、環境などが破壊されていきます。

それを防ぐためには、汚物を処理するシステムが必要になってくるわけですが、昔のインディアンや太古のムー大陸、レムリア大陸では、自然への影響が最小限となるように、自分たちで処理できる範囲内で、汚染物を排出していました。

しかし、今は便利になり過ぎて、汚染物の量も、これまでの時代とは比較にならないほど非常に増えています。こうした事態に対して、どういうことが行われているかというと、汚染物質を無毒化するとか、そういうものを海に流しても大丈夫なようにするための技術開発が進められているのですが、こうした技術開発には、やはり限界というものがあります。いくら技術開発が進んでも、人々の意識を変革していかない限り、大きく物事や状況は変わらないのが現実です。

こうした状況に対して、大宇宙大和神が伝えてきているのは、少し厳しいことかもしれませんが、「これ以上、便利さを追求すると、それで産み出される害が大き過ぎるので、非常に危険だ」ということです。人々の暮らしを便利にするため、人工知能（ＡＩ）などの技術革新をこれまで人類は進めてきましたが、そろそろ意識を変える時。このままの状態で進めていくと、破滅の方向に行くということを頭に入れておかないと非常に危険だ、と大宇宙大和神は言っているのです。

そして、大宇宙大和神は、また「原点回帰」の必要性も伝えてきています。食べる物も超古代時代に食べていたような質素な物になっていくだろうし、なっていくべきである、ということと、やがて世の中が大きく変わり、贅沢《ぜいたく》に価値を見出さなくなってくるようになる、とも大宇宙大和神は言っています。

それこそ、ゆったりとした生活のリズムの中で、自然を感じながら、太陽が昇ったら出かけて、太陽が沈む頃にはもう家の中……というライフスタイルに、便利さから不便さに原点回帰することで、喜ぶ能力、感動する能力が上がっていくのです。

原点回帰、愛と調和に満ちたレムリア文明の時代のライフスタイルは、現在の人類にとって厳しいものですから、そうした生活を過ごすことは、今の人にはできないと思います。しかし、「今ここ」を感じる能力、そして「今ここ」を喜んで感動する能力や楽しめる能力が上がっていけば、自然に不便な生活でも、生きていける力が身につきます。原点回帰をすることによって、廃棄物を削減するということにも繋がっていきます。

そうなると、今のような便利な生活はなくなっていきます。便利さを一度手にしてしまうと、そうした生活以外はできなくなってしまう可能性もあるので、手放すことは大変なことではあります。

だから、原点回帰というのは非常に勇気がいることなのですが、生きがいや生きる喜び、そして、生きる実感というのは、原点回帰することによって高まるのです。

財産を築いて、地位を上りつめて、好きなだけ贅沢な毎日を過ごしても、実は幸せではなかった、ということはよくある話です。財産や地位、贅沢な毎日といったものは、実は魂の求める最終目的地ではありません。意識振動数を上げる、心豊かに生きるということは、財産や地位を得て、贅沢な毎日を過ごすことではない、ということです。

『アナスタシア』という本があります。主人公が川のほとりでアナスタシアという女性の美貌と叡智、そして超能力に出会い、タイガの森の奥深くで不思議な3日間を過ごすというストーリーで、これは原点で生きている女性の話です。こうしたところにもヒントがあるのではないか、と私は考えます。

宇宙の中では、地球はもがく星として認識されています。そのため、宇宙においては、地球に行く魂たちは勇敢であると評価されています。今までも、地球人はもがいているのです。大宇宙大和神は、「地球はもがくことを十分にやって来たので、そろそろ地球も次元上昇を果たして、もがく星から宇宙の中の優等生、もがかないでも幸福があるという星にステップアップするタイミングなのだ」と、言っています。いよいよ、地球の変革期なのです。ずっと、もがき星をやって来たのだから、ついにもがき星《せい》から喜び星《せい》になるターニングポイントが、やって来たということなのです。

人類の滅亡を回避するため

ホピ族の第九の予言では、最後には人類が滅亡するとしています。だから、滅亡する一歩手前で、私たちは気づいて方向転換しないといけません。

第八の予言は、

我々の一族と同じように長髪の若者がたくさん現れ、我々の生き方と知恵を学ぶために部族国家が参加するだろう。

これは、1960年代に流行したヒッピーブームを指しています。当時のアメリカは、気運やスピリチュアルに目覚めた時代でした。私がアメリカへ行っていた10年間は、ちょうどスピリチュアル・ブームの絶頂期で、どこの書店にも関連の本が溢《あふ》れていました。

アメリカが目に見える世界ばかりや文明を追い求めて来たために、原点回帰を気づかせようとして、必然的にあのムーブメントが起きたのです。超古代のエネルギーを取り入れるように、若者が牽引役として貢献しましたが、しかし、そこでもまだ十分には変わることはできなかったのです。

「ホピの予言」は、第一から第八までがすべて的中しているのですが、最後の予言が当たってしまうと世界は滅亡してしまいます。その第九の予言は、

天上にある天国の居住施設が地球に落下し衝突する。その時には青い星が現れて、その後ホピ族の儀式は幕引きとなる。


この内容については、宇宙ステーションが落下するという説があるらしいのです。

この「天国の居住施設」とは、実は、金星にすでにある施設のことで、地球が次元上昇に失敗すると、地球に幕引きさせようと、仕切り直しをするために、宇宙意識がこの施設

を地球にぶつけようとしている、ということです。

今、宇宙で最もエネルギーが高いのがリラ星文明で、この星が宇宙を統括しています。だから、リラ星の意識が、「地球に幕引きさせよう」と判断したら、地球は終わりです。この「ホピの予言」では、地球の滅亡を救う救世主が現れることを示唆する内容もあるわけですが、この救世主というのもまた、リラ星文明のエネルギーを持っている人間ということなのです。

それでは、なぜ、第九の予言が示すように、金星の施設を地球にぶつけようとしているのか。

金星には、レムリア王朝の末裔たちがいるのです。レムリア大陸が海に沈もうとした時、レムリア王朝の女王であった、リラ星のエネルギーを持っている私が、金星に移動しました。地球がいつまでも目を覚まさないので、レムリア王朝の末裔たちが、自分たちの造った金星の施設を地球にぶつけ、滅亡させて、一旦リセットさせようとしているのです。それを、ホピ族の第九の予言は言っているのです。その「天国の居住施設」であるレムリア文明の施設は次元上昇しているので、地球からは今は見ることができません。とはいえ救世主としての私のエネルギー開きにより、第九の予言が実現しないことを祈るばかりです。

第2章

歴史が教える人類の愚かさと学び

紀元前後、卑弥呼とジーザスが伝えた「本来の自分と繋がりなさい」

ここで、歴史を振り返ってみましょう。私が『卑弥呼と天照大御神の復活』(小社刊)に書いたように、天照系である卑弥呼は、高次元の神のエネルギーとして、地球を愛と調和のレムリア文明に戻す、ということをジーザスと共に試みました。

ジーザスが、大いなる父の活動部隊であったように、卑弥呼は天照大御神《アマテラスオオミカミ》の活動部隊だったのです。そして大宇宙大和神は、天照大御神より高い次元にいる神です。

十字架に架けられても、ジーザスが伝えたかったことは、大宇宙大和神が言っている、愛と調和の「個の独立、個の強化と融合」にほかならなかったのです。そのために、神と繋がりなさい、と言っていたのですが、これは「本来の自分と繋がりなさい」ということを意味しています。

それと同じように、卑弥呼も、天照大御神の教えを受け継いで、本来の自分になりなさいと人々に伝えるため、天照大御神を通して愛と調和を学ばせる役割を持って、地球に降りてきました。

しかし、両者とも、結局は伝え切ることができなかったのです。今の地球にもいくつものパラレル宇宙があるように、この地球の過去においても選択肢はいろいろ存在していましたが、今の私たちが生きている地球の歴史においては、ジーザスも卑弥呼も、神の教えを人々に伝え切ることはできなかった。それは、アトランティス文明系のローマ法王系や大和朝廷系のエネルギーが強かったためです。

大宇宙大和神は1万年前に地球に降りてきていたので、私が卑弥呼だった時にも、私がジーザスだった時にも、私が大宇宙大和神のエネルギーを持っていたのですが、愛と調和を広げようと思っても、人類は目先の便利さや利益、裕福さを求める力が強烈だった。そのためいくら良い宇宙の教えや本来知るべき知識・情報を発信しても、人類がそれを受け取ることができなかった。そもそもこうした教えや知識・情報を受け取れるのは、ほんの一部の人に限られていて、大多数はそれを受け入れられないものです。

大多数の人が受け取れなかった理由の一つ目は、意識エネルギーが低かったから。人々の意識エネルギーが低いために、高次元の知識や情報を理解することができなかったのです。二つ目は、不安と恐怖を煽られて、操り人形になってしまったから。そして、その不安と恐怖から逃れて安心するためには、誰かに守られればよいと考えるようになってしまった、というのが三つ目の理由です。

いずれにしても、人類は非常に低い意識エネルギーのまま、脱出できないままなのです。1万5千年前に、最後のムー王朝が滅びて以降、いくつか脱出するためのきっかけはありました。日本においては、縄文時代やアイヌ民族にその糸口はあったのですが、ムー文明やレムリア文明のように王朝や王国にまでは発展しなかったため、世の中を変えることはできなかったのです。地球を変えるためには、ムー文明やレムリア文明のエネルギーの再建が必要なのです。ジーザスや卑弥呼は、世界をそして地球を変えなければならないとして命を懸けたのですが、惜しくも命を落として終わってしまった。これが紀元前後の話です。

文明が発達すれば必ずマイナスが生じる

その後の日本では、中国との関わりが強くなっていきます。かつての中国は非常に勢力が強く、影響力を持っていたために、日本は中国に従わざるを得ませんでした。統制を受けてしまったということになるのですが、その当時に日本が受けた体験が、ずっと日本国民の中に眠っていて「自分たちも、ああいう強国になりたい」という意識を、この時以降、日本国民は持つようになったわけです。

そして、奈良時代や平安時代は貴族社会であったために、争いからは遠ざかり、一見穏やかで良い時代のように思いますが、僻《ひが》みや嫉妬《しっと》が強い時代でもあったのです。貴族は良い、庶民は良くないといった差別意識があり、こうした負の感情が強過ぎたことから、ムー文明やレムリア文明のような国家を形成するには至りませんでした。この時代には天平文化や国風文化といった文化が発展し、とても良い感性を持つ人が多かったものの、それは特権階級である貴族の一部だけのこと。貴族が自分たちだけで楽しむのでなく、庶民たちにも喜びと感動を与えるようなことができていたのなら、違うパラレル宇宙を選べていたはずだ、と大宇宙大和神は言っています。

鎌倉時代や室町時代、そして安土桃山時代になると、穏やかであった奈良時代や平安時代とは逆にエネルギーの針が極大まで振れて、力を持たなければならないようになっていきます。武力というものが政権を支配するようになり、制圧の時代へと変わっていきますが、これにより、紀元前後の頃のようなエネルギーが蘇り、学ぶきっかけを人々は得ることになるわけです。

こうして人々は学びのきっかけを得て、江戸時代になり、学び始めるのです。この時代になると、戦国時代のような争いはなくなったものの、将軍をはじめとした幕臣が力を持ち、庶民はこれらの階級の人々に抑圧されるようになります。制圧された庶民が貧しい生活を強いられる一方、将軍たちの生活はとても贅沢なものに変わっていきます。この貧富の差によって、妬《ねた》みや嫉妬といった負の感情を人々が持ってしまった。それに加えて、江戸時代には、武士を統制するための武家諸法度や、天皇や公家の行動を制限する禁中並びに公家諸法度、そして、士農工商といった身分統制によって、人々に、「こうあるべき」「こうなるべき」というのを強要したため、ムー文明やレムリア文明とはまったく違ったエネルギーによって、世の中が動いていくことになるのです。

やがて、江戸時代の末期になると、黒船に代表される欧米各国の来訪によって、海外からのエネルギーが入ってきます。当時の日本にはなかった文明を日本人は見せつけられ、自分たちも追いつかなければならない、と文明開花へと時代は進んでいきますが、文明が発達すれば必ずマイナスが生じます。つまり、ここで日本にとっては、それまでなかったマイナスの要素ができてしまったわけです。

この頃から、まるで文明合戦のように、お互いの技術や軍事力を駆使して、国家勢力や国土の拡大、つまり植民地政策といったような国力を競い合う地球に、いよいよ突き進んでいきます。それまではあまり交流がなかったため、見聞きする程度だったものが、簡単に情報が入手できるようになり、また、行き来も自由にできるようになったために、お互いの競争意識が強くなり、他の国を制圧して、自分たちが上に行きたいと考え始めたわけです。

この時に、大宇宙大和神やアソビノオオカミ、そして、宇宙は、地球に対して、このまま各国で競い合ってしまったら、破滅することになるだろう、と危機感を覚えたのです。しかし、彼らは直接的にそれを止めることはしません。地球の滅亡を回避するためには、学ばせる必要がある、と考え始めます。何か強烈な体験をさせて、そこから争いやエゴ、制圧が良くないことであると気づかせよう、学ばせよう……それが宇宙の意志。その強烈な体験というのが、まずは、第一次世界大戦だったのです。

世界大戦の体験から日本人が「学んだこと」と「学ばなければならなかったこと」

第一次世界大戦以前、日本は日清戦争や日露戦争を経験しています。これらの戦争に日本が勝利しましたが、この時、日本人は良いことを学んだのです。神を大切にする力や目に見えない力というものを日本人が持っていること、諸外国より文明が劣っていても、神を信じる精神性や魂のエネルギーが高ければ、自分たちより文明が発達した強国にも勝つことができること、を、日本人は宇宙から学ばせてもらったのです。

当時の日本にとって、清やロシアに勝つということはありえないと世界からも考えられていたため、この二つの戦争は、日本人にとって、誇りとなる出来事でした。このように、日本人が誇りを持ち、リーダーとなるための学びは、いつの時代も宇宙が設定したものです。

日本には「神風が吹いて勝利する」という「神風思想」があります。神風というのは、本当に神を敬っていれば、神が応援して勝利をもたらしてくれました。古くは鎌倉時代の元寇の際に、神風が吹いて日本が勝利した、というエピソードが有名です。日清・日露戦争、そして第一次世界大戦までは、こうした思想をもとに勝利国となったのですから、そこまではよかったのです。

ただ、いくら勝利したといっても、戦争によって多くの戦死者を出したことは事実です。宇宙は、日本人に対して、戦争によるプラス面だけでなくマイナスの部分にも気づいて、そこから学ぶことで、戦争から遠ざかり「個の独立」「融合」という方向に進んでいくことを期待しました。

しかし、第一次世界大戦後も各国の軍拡競争が行われ、日本は軍国主義へと突き進んでいくことになります。その当時、日本では戦争推進派と反対派に分かれていて、どちらの方向に行くのかはわからなかったのです。戦争をやめて、自国内で自分を大切にして楽しむという、自国を尊重する方向か、それとももっと拡大、抑圧して、自分のテリトリーを広げるという方向か、どちらに舵を切るのかという選択に日本は迫られたのです。

その時に、日本の国をリーダーにするとまずいことになる、と考える人たちが欧米にもいたのです。その中にはイルミナティやフリーメイソンのトップたちも含まれていました。そして、それは人類の中からだけでなく、宇宙からの指令もありました。宇宙からの指令といっても、日本をリーダーにしようとしている大宇宙大和神やアソビノオオカミのような高次元に存在する宇宙からのものではなく、それよりも次元の低い存在からの司令だったのです。

大宇宙大和神やアソビノオオカミは、自分たちが至高の存在であることがわかっているので、敢えて、それを示す必要はありませんから、ただ、地球を見守るだけでいいのです。ところが、低い次元にいる神々は、自分たちより上に神々が大勢いるため、自分たちはすごい神であることを誇示し、高次元にいる神たちよりも上にあがりたいと考えています。こうした神々がディープ・ステート、イルミナティやフリーメイソンなどと繋がっていて、自分たちの言うことを聞かせるために、地球での信者を増やし、自分たちのエネルギーの乗った人間を増やそうと、他国を制圧しようとしてきました。そのエネルギーとはネガティブなものです。破壊することで自分たちのエネルギーを作り出すという、ディープ・ステート系のエネルギーなのです。

日本は、選択を迫られた時に、こうした低次元の宇宙の存在の力やその直系であるイルミナティやフリーメイソンの影響から、拡大政策、そして軍国主義への道を選ぶことになってしまったのです。そして、日本も、欧米のように、勢力を広げることで自分たちの国が強いことを誇示し、国民の生活もより豊かになるという、こじつけの理論を国民に浸透させていきました。やがて日本は、日露戦争の際にロシアから獲得した満州国の独立や、南満州鉄道爆破事件をきっかけとして、第二次世界大戦へと参戦していくことになります。

そういう負のエネルギーに、人類、そして、集合意識が向いてしまったことから、第二次世界大戦に突入してしまったことが、大宇宙大和神からすると、残念でした。本来、地球人を牽引していくべき日本人が戦争を始めると、エネルギーも下降しますし、世界の弥勒化までにさらに時間がかかることになる。第二次世界大戦に入らずに傍観していた方が早く、世の中を愛と調和に満ちたレムリア文明化、そして、弥勒化することができるのに、日本は自ら遠回りになる道を選んでしまったのです。

そこで、この日本人の選択に対して、大宇宙大和神とアソビノオオカミの本当の愛が作動することになります。それは、日本を敗戦国にしようとすること。負けさせるということは日本の国民も、国そのものも傷つくことにはなるのですが、このままにしておくと日本が世界の統制リーダーになるという、宇宙の高次元の存在の考えとは真逆の、制圧のトップになってしまう。そのために日本を負けさせるしかなかったのです。それは苦渋の決断でした。そうして日本は、地球上で唯一の被爆国となるのです。

原子力爆弾の投下という出来事は、やはり非常に厳しいものでした。原爆を落とすことを宇宙が受け入れたのは、自分たちは神風で何でもできる、自分たちは好きなことをやって、他国や他者を制圧して自分たちだけが良い思いをするのだ、と、日本人の集合意識がなってしまうのを防ぐため。宇宙的に考えると、好ましくない方向に日本人の意識が向いてしまったことを、気づかせて、学ばせようとしたわけです。元々、日本という国は、地球のいわゆる救世主、つまり、地球を新しい方向に塗り替えるという役割を担っているのに、真珠湾攻撃をきっかけに太平洋戦争へと突入したことで、宇宙はそう決定せざるを得なかったのです。これはとても厳しい決断であったと思います。相当な人命が失われたことは宇宙も非常に悲痛でしたし、そこまで体験しないと絶対変わらないところまで行ってしまったことが、大宇宙大和神は、残念でしかたがなかったようです。

大宇宙大和神が、このことをよく知りなさい、ここがポイントなのだと、今、伝えてきています。今の日本人が本来向かうべき道は、個の強化と融合です。しかし、個の強化と融合とは逆の、個の抑圧、弱体化と統合、統制に今の日本人はどんどん向かわされ、国が戦争しなさいと言ったら戦争する、第二次世界大戦前と同じ状況に陥っています。

敢えて、強烈な言い方をしますが……これはアングルを変えてみたら、日本には今、戦争が必要なのかもしれません。今の日本人は戦争のような強烈な体験をしないと、不安と恐怖で脅され、操られ、いわゆる洗脳をされて、本来進むべき道を選ぶことができなくなっていることに気づかない。日本人は「戦争反対」「私たちは被爆国で平和を求めている」と口では言っているものの、そういう人間こそ非常に危ういのです。それは、実際に戦争が起きなければ、少なくとも自分や自分の家族が守られると思っているからです。でも、そう思いながらも、日本も守れる、地球も守れると思っている人は少ないのです。多くの人は、自分の命と自分の家族、そして自分の子孫が守られるために戦争は良くないと言っているだけです。これはエゴに過ぎません。

これが怖いことで、「日本のみなさんの命は国家が守ります」と言い出して、「国民全員を収容できる核シェルターを用意したので、被爆の心配はありません。命も財産もすべて保障します。今はリモートワークによって遠隔地で仕事も生活もできますから」と言われたら、それならいいか……と思わされて、戦争をしてしまうような状況となっているのです。大宇宙大和神は、そんな日本の国家に対しても、「日本よ、何たることか。自由主義国家だと言いながら、まったく逆の思想を植え付けているじゃないか」と、伝えています。

魂意識と生き方と戦争

日本が第二次世界大戦で敗戦国になる、というのは宇宙の高次元の存在の意志であったため、これはしかたがないことでした。ディープ・ステートや次元の高くない神に誘導されて、日本が本来進むべき道とは違う方向に進み、他国を制圧、統治してしまったのがその原因ですが、日本の場合は他国と異なり、統治された側がそれほど不満を持っていなかった可能性があります。欧米による他国への侵略というのは、その国を植民地化し、現地の住民を奴隷化していました。一方、日本の場合は学校を建てたり、工場を建設したりして、住民の教育水準を高めて生活を良くして働いてもらう、いわゆる皇民化政策が行われていました。

ただ、この日本の皇民化政策が、欧米諸国の妬みや嫉妬を招いてしまいます。それだけでなく、こうしたやり方によって、将来、日本がリーダーになってしまう危険性があるという恐怖を感じたのかもしれません。そうしたネガティブな感情が作動したわけです。第二次世界大戦は、日本を覆う危うい状況を気づかせるためのものではありましたが、そこには決してマイナスの部分だけでなく、良いところもありました。

戦地に赴く人の多くは、自分が戦争に行くことで親孝行になり、家族のためになると考えていましたし、神風特攻隊のように、「自分の命を捨てることがお国のためになる」と、強い信念を持って、零戦で飛び立って行きました。

ただ目的もなく生き永らえることをよしとするのか、それとも「死んでも構わない」と思えるほどの志と誇りを持って、物事に取り組むような生き方をするのか。宇宙的に見れば、後者の方が幸せではないかと私は思うのです。そうした高い意識を持ち続ければ、意識振動数も上がるし、魂としても幸福なのではないかと。当時の日本では、そうした教育を受けながら幼い頃から育てられていたので、命をかけて国のために行動し、そして生き尽くした人々は、非常に称賛され、尊ばれたのです。もちろん、そういう生き方を否定する人もいるとは思いますが、自分の生き方を考える上で学ぶべきところもあったはずです。戦後になり「あの教育がおかしかった」と言う人もいますが、戦前に命をかけて戦った人たちを批判するようなことをやってはいけない、と大宇宙大和神は言っています。

なぜなら、今とあの当時では時代風景もまったく違いますし、空気感や価値観も違います。あの当時にはそうした生き方や価値観が「美」とされていて、その価値観を自分のものとしたのです。当時は、今の私のように好き勝手に、「嫌なものは嫌」と言えなかった時代でしたし、あの頃の人類が今の私たちのように生きていたら、あの時代を生き延びることはできなかったと思います。そう考えれば、あれはあれで非常に良い価値ある生き方だったはずです。今ここを生きる姿として、あれを見ていろいろ学んだ人もいたでしょうし、現代人でも学ぶべきところがたくさんあるのです。

靖国参拝に関して批判する意見もありますが、大宇宙大和神は、「靖国参拝を批判するのはけしからん！」と、言っています。「戦争が悪かった」「日本人が間違っていた」とか「戦没者たちを尊ぶのはおかしい」という考えは、それは単なる理論・論理であって、魂を捉えていない、ということ。魂がどういう状態であったか、どういう生き方をしたのかということが大事であって、頭で「こう生きるべきだ」とか「こうあるべきだ」と言うのは、一切やめなさい、と、大宇宙大和神は言っています。

今ここで自分が熱くなる生き方、極端に言えば、今ここで死んでしまっても自分は満足だ、後悔しない、という自分をつくることが、なかなかできない現代の世の中で、それに近い生き方をすることに対して、大宇宙大和神、そして、宇宙も非常に賞賛しています。「自分では、命をかけるほどの覚悟と勇気を持って生きてもいないのに、ごちゃごちゃ倫理を述べるな」とも、大宇宙大和神は言っています。だから、靖国参拝の是非を論ずることは次元の低いことです。宇宙から見たら、「それは美しいこと」とされています。参拝をしたい人はすればいいし、したくない人はしなければいいだけのことです。これはマスク着用やワクチン接種についても、同じことが言えると思います。「マスクをしないのはダメ」「ワクチンをしないのはダメ」と言うのは、靖国参拝を批判するのと同じ姿勢。すべてに対して、個を尊重するべきなのです。

日本国民は命の尊さをはじめ、「食べられるだけで幸せ」「明日起きられるだけで幸せ」といった有り難さなど、多くのことを第二次世界大戦から学んだので、これから世界の弥勒化やレムリア文明化に向かうと、宇宙は期待していました。

喜びと感動を生み出すものでなければ宇宙はサポートしない

ところが、日本は戦後の高度経済成長期を迎え、また違う方向へと変わっていってしまうことになります。戦争であれだけダメージを受けたことで、レムリア文明化に向かうだろうと思われた矢先、アトランティス文明系の勢力が介入して、あの時の痛手や傷を忘れてしまったかのように、経済成長をしてGNPにおいても世界No・2の経済大国になり、日本は「世界の天狗」になってしまった。

そのため、大宇宙大和神をトップとする宇宙は、「人類は大きな戦争を二度も体験して、学んだはずなのに、結局期待した学びが根付いてない」と見限り、新たな学びを地球に与えることにしたのです。それがちょうど、私がアメリカに行っていた2005年頃のことです。経済的に大きなダメージを地球に与えて気づかせようとして、リーマンショックが引き起こされました。リーマンショックだけではなく、戦前の世界恐慌や戦後の日本のバブル崩壊なども、すべて宇宙の采配によるものです。経済が行き過ぎると、「お金で物をすべて買える」というお金至上主義になってしまい、本来の自分の魂を磨いたり、エネルギーを上げたりすることをしなくなり、世界の弥勒化やレムリア文明化から遠のいてしまうため、敢えて経済を破綻させたのです。

経済が破綻することで、人類はお金ではない他の価値観を高めてくる、と宇宙は見ていました。それ以降、スピリチュアルブームが来て、そのまま次元上昇へ繋がると思っていたら、ディープ・ステートたちが対抗手段を講じてきたわけです。「このまま行かせたらまずい」と、アトランティス文明系の勢力が、いろんな病気や大地震などの天災、放射能汚染や自然破壊といったものを仕組んで、人類が不安や恐怖に陥るように仕向けてきたのです。その結果が、新型コロナウィルスの猛威や世界各地の大地震に繋がりました。このように、アトランティス文明系の究極を極めたら、あとは崩壊、つまり、地球の破滅への道しかなくなってしまう。それを回避するために、レムリア文明の勢力が地球に学びと気づきの体験をさせますが、それはまずいと、またアトランティス文明系が介入する。そしてまた、レムリア、アトランティス、レムリア、アトランティス……地球はそれを繰り返してきているのです。しかし、最終的にレムリア文明化されれば、地球は生まれ変わります。

今はまだ、アトランティス文明系の影響が強く出ている状況ですが、それより以前にレムリア文明系が行った経済ダメージはお金至上主義に対抗するものだったわけです。お金というものを地球人がもっとも学ばなければならない、ということ。私はお金の神様とも親しくさせてもらっています。お金は感情や意識を持っていますし、お金も自分の存在価値を上げたいし、喜びや感動をいつも持っていたいのです。だから、お金を使う時も、その人の喜びと感動をお金に乗せればお金は喜びますし、受け取る側も喜びと感動で受け取ればお金が喜びます。お金は、そういう人のところを行き来したがります。今、大宇宙大和神が言っている喜びと感動というのは、子どもが感じるような純粋なもののこと。「こうしたら儲かるな」「これで良い思いができるな」といった感情の裏側には不安や恐怖があるため、そうした感情でお金を使うエネルギーは良いものではありませんし、その嫌なエネルギーを動かすと、お金はアンハッピーなのです。今までの非弥勒化の低い次元の地球であるなら、そのお金も動いてくれていましたが、私がエネルギー開きをして世のエネルギーが急上昇すると、お金はハッピーな世界でしか動かなくなります。そうすると、嫌なエネルギーでお金を動かしていた人たちは、今は成功しているように見えていても、やがて落ちていきます。

今、大宇宙大和神が伝えてきているのは、「地球の存在が、どれだけ人類と地球に喜びと感動を生み出したのか。その対象でなければ、宇宙はサポートしない」ということです。ネット上での架空のお金のやりとりというのはエゴでしかないため、画面上だけで操るのはお金を侮辱していることです。そこにはお金が持っている感情や意識がまったくありません。だから、今は良くても、その人たちはいずれ破綻、ひっくり返るだろうと言わざるを得ません。

やはり、自分の利益と共に、自分以外の利益も共に考えることが大事なのです。でも、それは、自己が完成している人間がやって、初めて役に立つわけです。「自己が完成している人間」というのは、エネルギーが高くて、誰に頼る必要もなく、自分の中で神と行き来している人のことです。そういう人は「自分はこのままで、あるがままで良い、あるがままで完全、完璧な存在で、愛で満たされているから、何も変える必要はない」と、思っているものです。私が言う「個の確立」とは、こういう人間のことを指しています。

アイヌ民族には、集団行動というものが一つもなくて、運動会もなく、集会もありません。しかし、それぞれ個人が勝手に好きなことをやっていても、争いは起きないらしいのです。ここにヒントがあって、こういう日本人がたくさん出て来たら、必然的に平和な世界になっていきます。それを今の政治の人たちは、自国がふらふらなのに、他国も大事と言っているのです。今の政治家は不満だらけの人間ばかりです。自分の人生にも、自分の生きている社会にも不満だらけの人間が、他国のことまで持ち出し始めたら、自分の国をダメにするだけです。

そして、今の人は、すぐに愛や平和を口にしますが、本当に宇宙を知っている人間、生き方を知っている人間は、たやすく愛や平和という言葉を使わないものだ、とも大宇宙大和神は言っています。こういう言葉はいざと言う時に使うもので、しょっちゅう使う言葉ではない。自分の人生もいい加減不安定なのだから、そんなことを言う前に、やらなければいけない自分の人生というものがあるのです。「自分の人生をきちんとやってから、人に説きなさい、社会に説きなさい」と、大宇宙大和神は強く説いています。自分のことができていないのに、自分以外や社会に説いてはいけない、これは絶対に必要なことです。

宇宙意志と感染症

今は、新型コロナウィルスの話題をニュース番組で見ない日はありませんが、ウィルスは神からのメッセンジャーであると、最近、私は気づきました。宇宙や神は、人類を学ばせようとする時につらい体験をさせますが、感染症で多数の死亡者が出るのは、その体験の一つです。

これまで人類を脅かしてきた感染症を振り返ってみると、４～５世紀頃や14～15世紀頃に、かなり大きな感染症が発生しています。感染症としては、ペストや天然痘が歴史上でも有名であり、エイズやＳＡＲＳ、マラリアなどもよく知られています。こうした感染症が起こるのは、人類のエゴが蔓延したタイミングと重なります。人類のエゴがすごく高まって来たことから、宇宙が、「このまま、人類をほっとくわけにいかない」と判断して、ウィルス感染を引き起こしているということです。イルミナティやフリーメイソン、ディープ・ステートが感染症を作った、という見解も一部ではあるようですが、こうした裏の勢力は、宇宙から操られているだけで、結局、宇宙の神がウィルスを人類に浴びさせて体験させているのです。

今回の新型コロナウィルスが流行する前、人類ではＡＩ（人工知能）がもてはやされていて、人類が地球を制圧して、やりたい放題なんでもできるという思想が蔓延していました。宇宙は、この思想が良くないことであると人類に気づかせ、人間本来の生命力や魂で生きることを取り戻させるために、人間の生活が脅かされるような状況を作ったわけです。歴史的にも、感染症が発生する前には、こうした人類の良くない集合意識が蔓延したため、感染症が猛威を振るった後に反省させて、宇宙は人類の生き方を正しい方向へと導いてきました。しかし、こうした体験をしたにもかかわらず、数世紀経つとまたエゴが高まり……ということの繰り返しです。エイズやＳＡＲＳもそうですが、宇宙は人類に学ばせせようとしても全然変わらない。だから、今回のように、人間の生活に多大な影響を及ぼすものを浴びせたわけです。

ここで、人類が、感染症に関してもう一つ学ばなければいけないのは、ウィルスを制圧するという考えを、改めなければならないということです。私は、数ヶ月前に、北海道の屈斜路（クッシャロ）湖のアイヌ民族のリーダーであるアトゥイさんと話したのですが、アイヌ語ではウィルスを「パヨカカムイ＝旅する病気の神様」と呼び、彼ら（＝パヨカカムイ）にも生きる、旅する権利がある、とアイヌ民族では考えられているそうです。私はこの話を聞いて、愛と調和とはこういうことだ、と思いました。私は医師なのでよくわかっていますが、感染症の拡大を防ぐために、抗生剤で制圧するということをしてきたために耐性菌が出てきて、それをまた制圧する……という、まるで追いかけっこのようなことを人類はしてきたわけです。ところが、必ず感染の方が人類の上を行き、抗生剤などが効かないウィルスなどが出てくる。それを制圧するためにより強い抗生剤を用いるのですが、これもまったく効かない強力なものが生まれてきます。制圧するという考え方が、いかに愚かな結果を生むか。このことは人類の考え方、生き方、すべてに通じていることです。２０２１年９月に行われた自民党の総裁選でも、「ウィルスを制圧する」「薬で叩く、なくす」と言っていましたが、これはとても残念な思想で、次元が低い演説内容であると私は感じていました。

今、新型コロナウィルスは、個の独立や強化とは反対の、個の弱体化、そして融合ではなく統合を人類に体験させようとしています。「人類は今おかしいんだ。上から言うことばかり聞いて、みんなと同じ考え方や生き方をしていたらおかしくなって、いつまでたっても脱出できないんだ」という学びの種を、宇宙が人類に降ろしたのですが、二年以上経っても未だに収まらない。それは、大宇宙大和神の教え、つまり、私の教えを学んでいない、ということ。今こそ、この本のメッセージが、明るい未来のために重要なのです。

人類を脅かした感染症

時代	世界で流行した感染症	日本の感染症事情
紀元前	エジプトのミイラに痘そう（天然痘）や結核のあとが残る	
6世紀	天然痘がシルクロードから運ばれる →	天然痘流行（奈良時代）
14世紀	ペスト（黒死病）の流行（ヨーロッパの人口の1/3を失う大流行）	
16世紀	世界に広がる梅毒の流行（大航海時代）	
17～18世紀	天然痘、発疹チフスの流行 ジェンナーの種痘の発見	江戸末期にコレラ、明治にペストが入ってくる
19世紀	コレラ、結核の流行	
19世紀末	コッホがコレラ菌、結核菌を発見、北里柴三郎がペスト菌、破傷風菌を発見、志賀潔が赤痢菌を発見、パスツールがワクチン療法発見	
20世紀	インフルエンザ、エイズの流行	1976日本での種痘中止
1980	WHOによる天然痘根絶宣言	
21世紀	SARS、新型インフルエンザの発生	

（文部科学省HPから）

第3章

弥勒の振るい分け

今地球は最終段階にある

大宇宙大和神が、「昨年は、初めての本だったから、優しいことを伝えたが、今年の本では、厳しいこともみなさんに告げておかないといけない」と、伝えてきています。

私、ドクタードルフィンは、2～3年前から、ずっと地球の集合意識を読んでいます。これからムー文明とレムリア文明のエネルギーが復興して、愛と調和の世界、弥勒の世になると、その次元に乗ることができるグループと、乗れないグループとに分かれることになります。これを私は、「弥勒の振るい分け」と呼んでいます。次元上昇に乗ることができるグループは、これまでは地球人類全体の15％。この数値は、最近もずっと上がっていませんが、私の想定では今後4～5年で30～45％くらいになってくると期待していますし、できれば50％を超えて欲しいな、と思ってはいます。

しかし、これまで15％を超えないということは、緊急事態と言わざるを得ません。残りの85％の内訳は、15％が完全に次元降下して、さらにもがく地球へ行くことになり、あとの70％は今の地球と同程度のもがく世界にい続けることになります。ですから、次元上昇に乗ることができる15％に入らないといけません。「弥勒の振るい分け」は、ある時、急にパッとやってきて、そして突然、乗れないグループにいる85％の中でも、完全に落ちる15％の人は、それ以外のグループの人には会わなくなります。同じ完全次元降下するグループにいる15％の人にだけと会うようになるか、もしくは、次元が異なる人との付き合い方が変わり、地球がどんどん乱れて、感染症や病気、そして犯罪という世界の中で、さらにもがくことになるのです。あとの70％の人は良くて今と同じですから良くはならず、あるいは悪くなるかもしれません。

私は、次元上昇する人類のグループの割合を増やす役割も担って、活動をしていますが、それをみなさんが受け入れて、学んでくれれば良いのですが、せっかく良い情報を出しても、人類はなかなか受け入れようとしません。これはとても残念なことで、宇宙も大変嘆いています。「もがきを、あなたたちはまだやりたいのか」と、大宇宙大和神は問いかけています。

「地球人のみなさん、あなたたちは、今のような、不安・恐怖がいっぱいで、怒りがいっぱいあり、自分の価値に気づけずに、自分も愛せないようなこの世の中を、まだ続けたいのか。先祖たちは先史超古代から、楽で愉しいという、愛と調和、好きな個、自由の個、自分の好きに自由に生きて個の独立、強化、融合して、自然に平和でみんな調和していく、それの実現を求めて、ずっとやってきた。それを破壊されても、また作り直して、今、地球の最終段階にある」と。

「弥勒の振るい分け」で次元上昇できるのは地球全体の15％

次元上昇組か、次元降下組か、どちらに乗るかで、あなたは大きく変わるという時に、私、ドクタードルフィンがこの世に出て来て「もうそんな世の中に、いなくて良いのだよ」「飛び出して良いのだよ」ということを、みなさんに示しているのに、みなさんは低次元の地球にいつまでい続けるのか、と言わざるを得ません。

特に大宇宙大和神は、「完全に次元降下するグループにいる15％は、本当に厳しい世界に行くことになり、不安や恐怖の中で毎日生きるようなもので、死にたいと言っても死ぬこともできず、いつも怒っていなければならない。そして、政府や上の言うことを聞い

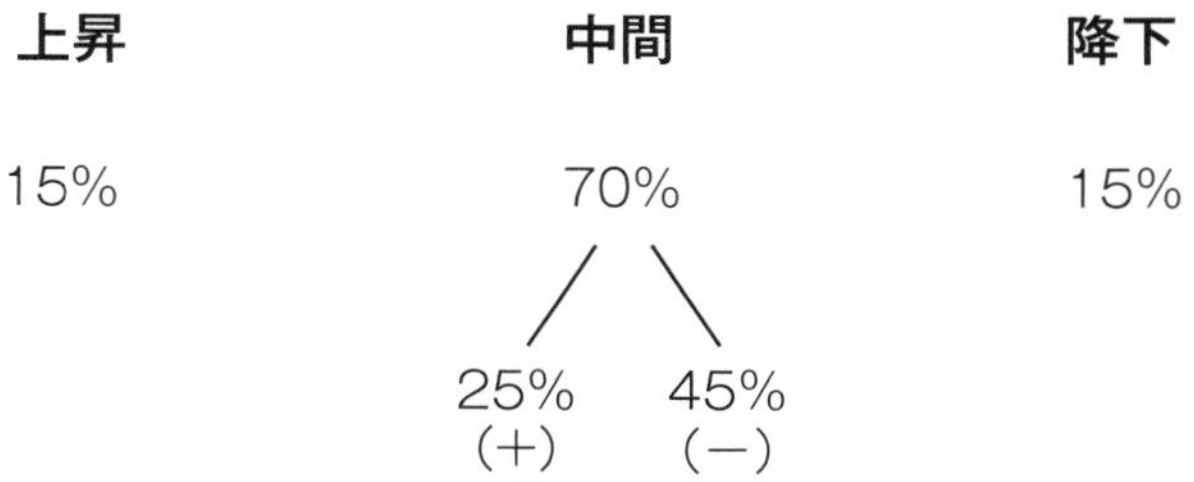

魂意識の振るい分け

ていないと、ずっと奴隷のように生きていかないといけない」とも言っています。

宇宙の星社会の中で、服を着ているのは地球人だけで、これは何かを身に着けて自分を守ろうとしている状態です。宇宙人は服を着ることはありませんし、もちろん、マスクを着用することもありません。そして、ワクチンを打つこともももちろんありませんし、宇宙にいる高次元存在たちは、自分を守る必要がある場合は、エネルギーを上げて対処しています。なぜなら服を着たり、マスクを着用したり、ワクチンや薬を投与されると、エネルギーが下がるからです。

地球人は、冬になると服をたくさん着込みますし、その上、いくつもカイロを入れて、マスクをしてワクチンを打つ。これをやっている地球人は「自分には適応力がない」「私には免疫力がない」ことを物語っているだけなのです。

新型コロナウィルス関連の私の自著二冊『ウイルスの愛と人類の進化』『地球人類よ、新型コロナウィルスを浴びなさい！』（どちらもヒカルランド）で伝えているように、ウィルスはエネルギー体であり、さらに意識をもち、マスクもワクチンもほぼ意味がないのです。

しかし、マスクを着用することも、したい人がやればいいし、したくなければやらなくていいわけですが、「弥勒の振るい分け」で、完全に次元降下するグループにいる人は、「マスクをしていないと、自分は病気になってしまう」と、不安や恐怖からマスクを着用する人たちだということです。ワクチンも同じで、たとえワクチン接種をしても、新型コロナウィルスに感染する症例はいくつもあります。ただ、不安と恐怖からワクチンを打つ人たちは次元降下することになります。

不安と恐怖ではなく、「マスクをしていないと生きにくいな」「マスクをしていないと入店できないし、美味しいものが食べられない」「他の人が絡んで来ると困るから、マスクをしておこう」「ワクチン接種をしていないと会社勤めができないし、友達とも交流できない」という理由を持つ人は、そんなに次元が降下することなく、今の地球と同等の所にいることができます。

そして、ワクチン接種をしていても、次元上昇するグループに入ることができる人もいます。それは、ワクチンを打つことで、その意識エネルギーを高くして、高次元のＤＮＡに書き換え、進化することができる人です。私は、たとえワクチン接種したとしても、必ず良い方向に行きます。ウィルスに対しては「いつも、自分を進化させてくれてありがとう」と、愛と感謝で受け入れているので、害ではなく益として働くのです。

「弥勒の振るい分け」で大事なことは、たとえば、マスクやワクチンをどういう気持ちで受け入れているのか、ということです。もちろん、ワクチンを接種しないのが良いのですが、打たなくても良いと心から思って、平和に暮らしている人は、マスクもワクチンも必要ありません。しかし、本音では「自分は本当は怖いんだ、不安なんだ」と思いながらも、平気なフリをして「マスクもダメ、ワクチンもダメ」とアピールするような人は、エネルギーが落ちて次元降下してしまいます。意識の持ち方が非常に重要で、マスクを着用したり、ワクチンを接種したりすることに、不安と恐怖を持っている人が多いことを、大宇宙大和神はとても危惧《きぐ》しています。それは、こうした人は次元降下するグループに入ってしまうからです。今の政府に従いながら、今の世の中の風潮で生きていると、いつ低いパラレル宇宙に飛ばされるかわからないのです。低いパラレル宇宙に飛ばされても、まるで昔からその地球にいるという感覚にさせられて、落ちたということもわからないので、その人は急に悪い状況を体験することになるわけです。もっと病気になり、もっと経済的にも苦しむことになりますし、もっと統率され、もっと不安や恐怖、怒りの中で生きることになります。

地球上の85％（特に60％）の人は、今のままでは、もっと厳しい地球に行ってしまいます。これは宇宙から見守る存在からすると、とても悲しいことです。しかし、次元上昇するグループに入ることができる人は、本当に素晴らしい地球に行くことができるとはいえ、今は全体の15％なので、そこから割合を上げていかなければなりません。一方、85％のグループの中にいる人々は、目覚めなければ後がないのです。目覚めなければ「ホピの予言」にある人類滅亡へと進み、悲しみを体験することになってしまいます。

今、目の前に、不安や恐怖の道と夢・希望の道という二つの道があるとすると、人類の集合意識は、不安や恐怖の道を選んでいます。

なぜ、その道を選ぶのかというと、みんなが行くから安心なのです。安心のために不安や恐怖を選ぶのもおかしな話ですが、みんなと同じ方向に進む方が人は安心なので、内容が悪くても、そちらの方に進んでしまうのです。もう一つの道を行けば、夢や希望があることがわかっているのに、誰も行かないから行けない。とてももったいないことです。

日本ではタビネズミと呼ばれている動物が、集団で海に飛び込むという話は有名です。人類もそれと同じなのです。

ホピ族の第九の予言が実現されないためには、地球滅亡への道を行かない人が、どれだけ増えるのかということが重要です。滅亡への道をたどらない人が人類の半数以上になればいいのですが、今の状態では第九の予言の方向へと進んでしまう可能性が大いにあります。

大方の人にとって、今の地球が滅亡して、また次の地球ができたとしても、もっと、もがいて、もっと、大変な星になってしまいます。次の地球は、あまりにも次元アウトしてしまうので、人類はもがくのが苦しいからと言って、人間であることを放棄してしまうのではないかと思います。人間であることをやめると、アリくらいの存在でしかなくなってしまいます。

そういうことにならないように、今の人たちを救うために、私は世の中を変えようとしているのです。今回の新型コロナウィルス騒ぎでは、かなり地球がダメージを受けたので、私はずっと一連の世開きをしてきたのです。このエネルギー開きをしていなければ、すでに地球は滅亡していたかもしれません。それを阻止するために、私の高次元のエネルギーにて世界を開いてきました。それくらい、今までの地球の状態は悪かったのです。

第4章

宇宙の魂のテーマ

魂意識のテーマは5つにグループ分けされる

大宇宙大和神を降ろす前に、大事な話をしておきます。

地球人は、宇宙の魂意識という存在の段階で、地球に来ることを決めて、受精卵の段階で松果体にソウルインしてくることは前から私が語っている通りです。実は、その時にみんなテーマを決めて入ってきます。地球で何に気づいて、何を学ぶのか、どういう進化や成長をしていくのか、ということを決めてくるわけです。地球人に知ってほしいことは、それが大きく分けて5つのテーマに分かれているということです。もちろん細かく言えば、この5つに限らず、ありとあらゆるテーマというものがありますが、魂意識のテーマは大きく5つのグループに分かれます。

地球人は、生まれる時に、必ず、これら5つのテーマのうちのどれか一つを選択しています。

その話をする前に、チャクラの考え方を整理しておきます。

チャクラは次の第一から第七までの7つあります。

■第一チャクラ
■第二チャクラ
　生きる力と関連①
■第三チャクラ　自己価値と関連②
■第四チャクラ　自己愛と関連③
■第五チャクラ　自己表現と関連④
■第六チャクラ
■第七チャクラ
　生きる叡智と関連⑤

チャクラというのは、エネルギーが出入りしている場所、三次元と高次元の交流ポイントで、それぞれが地球や宇宙と交流するところです。

ここでは、第一チャクラと第二チャクラを合わせてテーマ1、第三チャクラをテーマ2、第四チャクラをテーマ3、第五チャクラをテーマ4、そして第六チャクラと第七チャクラを合わせてテーマ5とするとわかりやすいので、敢えてそうします。

［魂意識のテーマの分類］

■テーマ①　第一チャクラ＋第二チャクラ（ベースチャクラ）

地球で生きる力と関連

■テーマ②　第三チャクラ

自分の価値、自己存在意義と関連

■テーマ③　第四チャクラ（ハートチャクラ）

自己愛と関連

■テーマ④　第五チャクラ

自己表現と関連

■テーマ⑤　第六チャクラ＋第七チャクラ（クラウンチャクラ）

直観、使命、生きる意味と関連

テーマ①と関わるエネルギーポイントを、ベースチャクラと呼ぶことにします。第一と第二のチャクラで、ベースチャクラというのは生きる土台となるエネルギーの出入り口です。このチャクラのエネルギーがプラスだと喜びが、マイナスだと退屈が生まれます。ここが乱れていると、膀胱《ぼうこう》や直腸などの問題、腰痛などを起こしやすくなります。

テーマ②は、価値や自己存在意義の第三チャクラと関連します。ここがプラスであれば自分の自己価値が高く、自己存在意義を理解することができますが、マイナスになると自己価値が低く、存在意義がないと思うようになります。このチャクラのエネルギーがプラスだと感謝が、マイナスだと不満と怒りが生まれます。ここが乱れていると、内臓疾患、高血圧、高血糖、高コレステロールなどの問題をもちやすくなります。

テーマ③にある第四チャクラは、ハートチャクラで、自己愛、自分を自分で愛する力に関連します。このチャクラのエネルギーがプラスだと自己愛が高くなり、愛おしさとか優しさが、マイナスだと自己愛がなく悲しみが生まれます。ここに乱れがあると、心臓の問題、ヒステリー症などを起こしやすくなります。

テーマ④は、第五チャクラで人間関係に関連しています。人間と人間、また、人間と社会といった交流のエネルギーとも関連し、自分をどのように見せるかということがテーマです。このチャクラのエネルギーがプラスだと、自分を純粋に素直に表現することができ

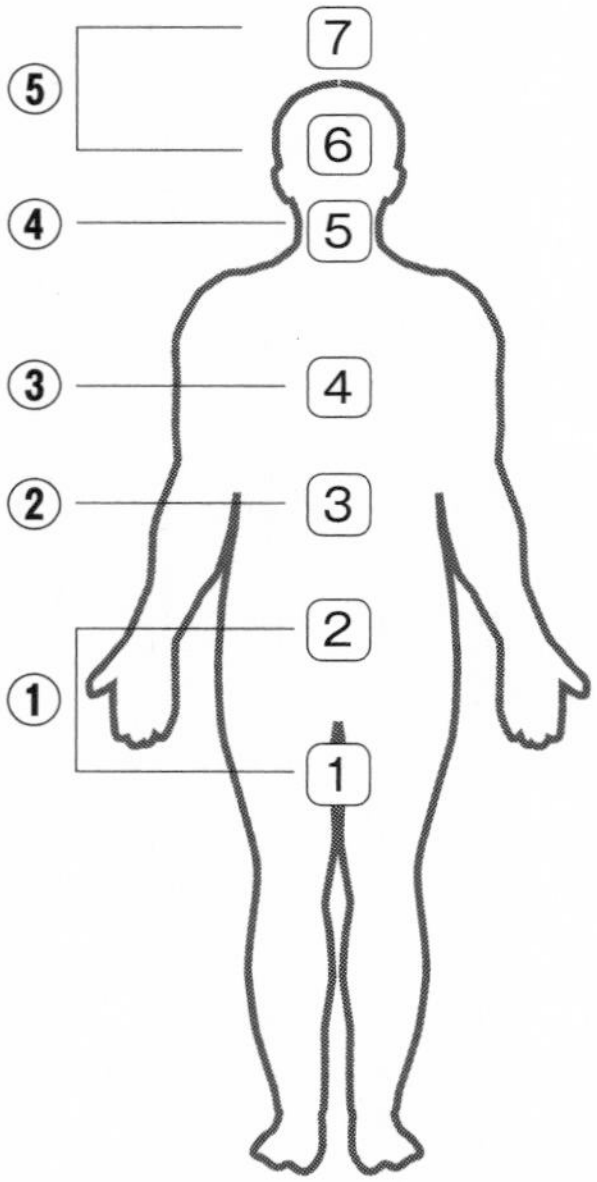

テーマ⑤

7 第7チャクラ

6 第6チャクラ

テーマ④

5 第5チャクラ

テーマ③

4 第4チャクラ

テーマ②

3 第3チャクラ

テーマ①

2 第2チャクラ

1 第1チャクラ

ますが、マイナスだと自分をごまかしたり、偽って見せたりするようになります。ここが弱いと甲状腺の病気や気管支や肺の病気、喘息《ぜんそく》などにかかりやすくなります。甲状腺系の病気の人は、人にどう見られているかということを気にしたり、自分をよく見せたいという気持ちが強かったりする傾向にあります。

テーマ⑤にある第六と第七チャクラは、クラウンチャクラとして宇宙との繋がり、つまり、その生命体にとって最も必要な叡智を受け取り、直観や使命、生きる意味と関連するところです。このチャクラのエネルギーがプラスだと直観が冴えて、使命や自分の生きる意味を受け入れることができます。マイナスだと直観が働かず、生きる意味や使命もわからないということになります。直観というのは、松果体で受け取るものです。ここが乱れてくると、めまいや頭痛といった症状がよく見られます。

大宇宙大和神が地球人に望むこと

「地球人は、今、自分のテーマに気づいて、自分を見つめ直すべきだ」と、大宇宙大和神は告げています。

脳で考えてしまうと、世の中の日常の良くない情報に流されてしまうため、森林のなかでおいしい空気を吸って、静かに穏やかに過ごしながら、または海辺で潮風を感じて波の音を聞きながら……という非日常の自然の穏やかな環境に自分を置き、自分の人生を振り返りながら、5つのテーマのなかで、どれが自分にとって重要なのか、一度見つめ直してみましょう。

大宇宙大和神が地球人にして欲しいと考えているテーマは、大きく分けて、次の5つです。

第1のテーマ　不安や恐怖の克服
～自分に自信も安心もなく、不安や恐怖が自分の中で一番強い人～
第2のテーマ　自己価値や自己存在意義の強化
～自分の価値を感じられず、価値の低い人間だと思っている人～

第3のテーマ　自分を愛する力である自己愛の強化
～自分は愛に値せず、愛に乏しく、愛を注げない人間だと感じている人～
第4のテーマ　自分を純粋に表現する力の強化
～自分をよく見せよう、本当の自分を知られるのが怖いと思っている人～
第5のテーマ　直観力、生きる意味、使命の創造
～現実に追いかけられている、目に見えないものは信じられない人～

脳を休めている時に「自分はここがダメだな、ここが弱いな」と思うところを思い浮かべてみると、5つの中で2つあるかもしれません。それでも、2つのうちでどちらか1つの度合いの方が強いと感じられるはずです。それは、地球人になる前、まだ宇宙の魂意識体だった頃に持っていた自分の欠点や弱点であり、本当の自分の弱点です。

自分のことは自分自身ではなかなかわからないもので、人から指摘されて気づくこともありますが、魂の問題はまったく別です。自分がいつも問題だと感じていることと、魂が問題だとしていることは別であることが多い、ということを、大宇宙大和神は知りなさい

と言っています。

自分の魂意識のテーマを知ると、生き方が変わってきます。これを知らないと、何もわからないまま、もがいて終わってしまいます。

たとえば、不安や恐怖の克服がテーマだとわかると、「自分ってそういえば、不安や恐怖が子どもの時も強かったな」「いつもびくびくして、会社に行っているな」「将来のことが、いつも不安だな」というふうにわかってきて、「自分は、不安や恐怖を持っていていいんだ。それが自分であり、それを克服するために地球に来ているんだ」と知ると「これでいいんだ」と、思えるようになるのです。一番肝心なのは、「これでいいのだ」とバカボンパパの言葉が出ること。そこで、バカボンパパが登場しないといけません。地球人は、バカボンパパと反対の生き方をしてきたのがよくなかった。「これでいいのだ」という感覚になると、一気に緩むことができて、脳をあまり使わずに、松果体が元気になり、宇宙と繋がると同時に、第二の松果体が地球と繋がります。人は、地球と宇宙の両方と繋がっていないと安定することができず、幸せに生きられません。

まずは、自分の人生のテーマを知ること。それがしっくりこなくても「そんなものか」

くらいに受け入れることです。そのテーマがわかると、脳がリラックスして、松果体が活性化します。そして「これでいいのだ」という緩んだ状態になると、宇宙や地球と繋がれるのです。そうすると、他を攻撃しなくなります。つまり、統制しなくなるということです。統制する人というのは、自分が不十分なので変えないといけないと考えている状態です。自分がこれでいいとわかったら、他に干渉することはなくなるのです。

それは、地球環境にとってもいいことなので、地球のサポートがあなたに入ってきます。これが、地球や宇宙と繋がるということです。地球環境に害を与えない人間になることで、地球のサポートを受けて融合する。

また、自分のテーマを知ると、不安や恐怖を持った時に、それを客観的に見ることができるようになります。今までは恐怖を感じると混乱し、ただ恐怖を受けるだけだったのが、「魂意識がそれを求めているんだ。不安や恐怖の体験から気づいたり学んだりすることで進化・成長を得るんだ」と、客観的に自分の立場を見ることができますし、今、自分に与えられている不安や恐怖の体験には、どのような意味があるのかという観点から客観的に捉えることができ、気づきや学びが生まれやすくなります。これが大きいことなのです。

客観的に見ることができるからこそ、わかるのであって、主観的な見方ばかりだと気づきや学びは持てない。自分が自ら不安や恐怖を味わえる環境を設定したのだと、気づかないといけない。

さらに、客観的に見ることができれば、このもがく環境もまた自分の魂がシナリオとして設定したのだ、ということもわかるようになります。まるで自分が演劇の中の主役のように、客観的に自分自身を見ることで、あるいは脚本家の立場に立って、舞台全体の構成や劇の流れを知ることになります。「不安や恐怖を生み出すこの環境は、この次にこれを学ばせるための環境だ」とわかるようになる。

そして、客観的に見ることを訓練していくと、不安や恐怖を持たなくていい方向に環境が変わります。結局、今まで、自分の魂意識が不安や恐怖を作り出し、増幅させていただけなのです。今までは、気づいたり学んだりすることを拒否しても、魂はそれを求めているので、魂が不安や恐怖を次々に作り出して自分にわからせようとしていたということです。一つのことに気づくと、いろんなことがわかってくるようになるので、いつのまにか、不安や恐怖はなくなります。

不安や恐怖を克服すると、あとは人生を楽しんで、喜びと感動で生きていけます。そういう人に「最近、不安や恐怖はありますか？」と聞いてみると「そういえば忘れていた、いつのまにかなくなっていた」と、答える人がほとんどです。不安や恐怖を受け入れて、「これでいいのだ」、そして「いつのまにか」ということがとても大事です。これからの人類の進化や成長は、「これでいいのだ」プラス「いつのまにか」がキーポイントとなります。

不安や恐怖を手放す人たちは、「人生を変えたい」とか「お金がない」と言わなくなり、その代わり「そういえば最近お金に恵まれている」というような、ポジティブな言葉を発するようになります。不安や恐怖と同じように、不満や怒りもマイナスの感情であり、自分自身をわからなくしてしまう要素です。いつも怒りっぽく、不満ばかりを口にしていた人も、不安や恐怖がなくなることで、いつのまにか「そういえば怒りがなくなっていた、優しくなっていた」と。

人間が地球で生きやすくなるコツは、まず５つのテーマを知ること。そして「これでいいのだ」とすべてを受け入れること。その上で、客観的に自分を観察して何かに気づき、何かを学ぶことで、そのテーマは終わりを迎えるということを自分で知ること。ただし、知ったからと言って、何もする必要はありません。「そうだったんだ」と気づき、学ぶだけで終わりなのです。そうするといきなり環境は変わって来ます。これまでと変わらず生活しているだけなのに、そういえばなくなっているということになるのです。これが非常に重要なことです。

第5章

大宇宙大和神の直伝

大宇宙大和神の言葉、降臨したり

〝大宇宙大和神〟、ドクタードルフィンを通して語る

2021年1月に世に出た最初の我、大宇宙大和神の本『至高神・大宇宙大和神の教え』にはない教えを、この本で少し補足することにしよう。

今回は、アメリカインディアンのホピ族の予言が、我のメッセージを読み解く鍵となるであろう。第15代ムー王朝の皇帝であったドクタードルフィンは、彼の超過去生において、ホピ族の祖先となるグループのリーダーであった。第15代ムー王朝が滅亡する時、多くの者が彼について行ったが、その時我はまだ彼、ドクタードルフィンの中に入ってはいなかったが、その時から彼、彼というより彼の魂を、我はサポートしてずっと見守っておったわけである。

ホピの予言とされているものは、今の地球の次元で言うと1万5千年前、滅亡間近のムー王朝の大陸から逃げのびた彼と彼に従う一行に、レムリア文明、ムー文明の再興を

願って創らせておいた。

ムー王朝由来で、ホピ族の原型となる集団には、日本で言うところの卑弥呼のような存在がおって、神の高次元のエネルギーを受け取って、メッセージとして流すことができた。その卑弥呼のような女性の名は、フィアナンシェ。その女性を通して、我、大宇宙大和神、我と対であるアソビノオオカミの２つのエネルギーから降ろしたメッセージがホピの予言である。ホピの予言というのは、50次元（現在、55次元）の高次元にいる我らが、ずっと低い次元に落としてわかりやすく語り、フィアナンシェが言葉にして集団に伝えた。

集合意識が選択する宇宙は、想定されていた通りに動いている。だから、予言は全部当たっているが、もちろんパラレル宇宙として、当たっていない宇宙も同時存在している。愚かな地球人はわざわざ予言が当たっている宇宙を選んで、その通りに歩んでしまっている。

そして、第九の予言として我らがあげたのは、その破壊的なエネルギーを使い続ければ、最後に破壊が来るということ。

エネルギーを上げるのか下げるのか、地球人は、どちらかの道を選ばなければならない。

今までは、主なところでいつも下げる道を選んでいた地球、人類はある時点で、地球の最後の姿を決定するであろう分岐点を迎える。

ついに来たのである、それが今である、このタイミングなのだ。ついに、第九の予言としたタイミングが来たのである。

あの第九の予言というのは、1万5千年前にムー王朝が滅んで、ホピの原型となる集団をドクタードルフィンが作った時に、すぐに降ろされたもの。

そして、1万5千年の間、アトランティス文明というエネルギーにずっと追い込まれて、どんどん地球がエネルギーを落とすことになった。アトランティス文明のエネルギーに、ずっと人類と地球がエネルギーを落として、落として……。地球というところは、もうこれは限界だと我ら大宇宙意識が判断したのだ。高い次元の宇宙では、限界というものを作る必要はなかなかないのだが、地球ほど意識エネルギー振動数が低いと限界だらけなのだ。

我は、宇宙から地球を見守りながら、低い次元に落としてメッセージを伝えさせるだけだ。フィアナンシェは5千年もの間、ずっと続けたわけだが、彼女たちのメッセージでは、ついにアトランティス文明のエネルギーをひっくり返すことができなかった。

そして、ホピ族というカタチではもうダメだということで、１万年前にドクタードルフィン自体の魂が、今度は縄文のエネルギーにソウルチェンジしたのだ。彼は縄文人として、生まれる赤ん坊の松果体にソウルインし直し、ホピ族からその頃のキーであった縄文への変換を行って、縄文の大酋長になった。その大酋長は、縄文の原型を作った存在で、大きくしたのがドクタードルフィン、彼である。

そして、１万年前に、我が彼にソウルインしたのが、伊豆下田の龍宮窟である。日本富士山は、ピラミッドの最たるエネルギーを元々は持っていて、彼がエジプトのギザのピラミッドを開いたことで、富士山に元のエネルギーが復活した。

その富士山から長野、そして九州に延びる中央構造線というものがあって、その構造線のあたりに龍宮窟はあるのだ。そこで縄文の大元の存在であるドクタードルフィンに、我の魂が入った。我が宇宙からのメッセージを降ろすだけでは、この地球がまずいことになる、ホピ族に降ろした第九の予言が発動されてしまうということで、１万年前に彼に降りたということなのだ。しかし、大規模なエネルギーをひっくり返すということを目的に彼に入ったものの、あまりにも地球人の意識が低いままなので、今まで来てしまったわけである。1万年だ、長い、長い。

ドクタードルフィンに語らせたが、第二次世界大戦で日本が本来の役割に目覚め、そこに気づいて思い出すという期待をしていたが、うまくいかなったということである。そこで、最後のタイミングを作るために、新型コロナウィルスというのを宇宙から降ろしたわけなのだ。

15%ということは、彼に伝えさせているが、今のままでは15%しか新しい高い次元に行くことはできない。85%は困ったものだが……。

この2冊目の本には、読むだけで次元上昇するエネルギーを乗せておこう。この本を手にとり、目に触れるだけで、次元上昇組に入れるだけのエネルギーを乗せておくことにしよう。

大事な話をしておこう。先ほど、ドクタードルフィンも言っていたが、テーマを持って地球に入って来るっていうことだ。

地球人は、一番の間違いを犯している。宇宙的に言うと、一番の間違いである。エネルギーの高い星においては、個性がすごく重視されて、人とまったく違うことに喜びを感じるのだが、ある程度進化の波に乗っている星の中で地球だけが人と違っていることを恐れ、人と同じであることを喜んで安心している。困ったものである、地球の人類は。

大事なことを伝えておく。裕福な者や貧しい者、頭のいい者や悪い者、能力のある者やない者、強い者や弱い者、健康な者や病弱な者、長く生きる者や短く生きる者、このすべてはどれも正解で、どれも100点満点だということだ。地球人の一番悪い癖は、これらの中で、どれかが100点だけど、どれかが0点、または30点、50点、70点というように、人と比べて優劣をつけようとする。それが元凶である。裕福な者は裕福なことを選んで、貧しい者は貧しいことを選んで入って来たわけだ。頭のいい者は頭のいいことを選んで、悪い者は悪いことを選んで、健康な者は健康を選んで、病弱な者は病気を選んで、長寿な者、短命な者、すべて生きる人生を選んで魂はやって来ている。騙す方と騙される方、殺す方と殺される方、愛する方と愛される方、これらもすべて魂が選んでいる。一番大事なことは、今自分が持っている固定観念で採点をするのはやめなさい、と申しているのだ。

そして、一番の元凶は情報である。自分とは違う人間を見せられる。自分よりも幸せで賢くて、能力も、そして財産もある、そんなものを見せられるから、比べてしまって、自分を低く見てしまう。しかし、宇宙では、違いがあればあるほど評価が高く、裕福でも貧しくても、健康でも病気でも、一切関係はない。違いがあればあるほど、能力が高いということだ。いい悪いはないのだ。貧しければとことん貧しい者の方が、宇宙的に評価は高く、存在するエネルギーが高い。なぜかと言うと、よく知っておきなさい。それは極端な違いがあるから、自分以外の誰かを学ばせることができるわけである。自分がまったく人と違っているからと、それを憐《あわ》れんだり悲しんだり、そして怒ったりするのではなく、それによって不安や恐怖をもつのでもなく、人に見せつければいい。そのダメな自分、嫌がっている自分こそ、宇宙の愛を一番注ぎなさい。宇宙で我らが一番嫌うのは、なにも個性のない存在である。

地球の統率者たちは、そんな個性のないものばかりを作っている。きれいな丸でなくても、尖っていたり削れていたりという形こそ、宇宙での存在意義があるのに、こうしたゆがんだ形のままでは、地球で生きるのは難しくなってしまった。「こうあるべき」「こうなるべき」ばかりで、人と違うことは否定されて、同じであることを良しとする社会。これが今の地球で、本当にうんざりな社会なのだ。学びの速度と程度が低くて……地球人は、本当に気の毒である。いびつな形であり続けることが大事で、そして、それをやり続けることが、自然で楽で愉しい社会こそ、本物。これからは、先ほどドクタードルフィンが言っていた「これでいいのだ」「いつのまにか」という自然体こそ、みんなの憧れになるのだ。

宇宙という意識は、進化、振動数、エネルギーを上げるエネルギーサポーターである。地球に足を着けて、安定して生きることで、生命力を上げる地球のサポート力がアップする。この地球のサポートは、宇宙のサポートとは、まったく性質を異にする。だから、地球的進化と言わずに、地球的成長と言う。

宇宙は、螺旋《らせん》振動数エネルギーで成り立っていて、地球に来てからの意識振動エネルギーが、その人間が持つ本質、エネルギーになるのである。この振動数を上げることを、宇宙的進化と言う。

そして、地球的成長というのは、振動数はそのままで、振動幅を大きくすることによる。だからこそ安定するわけだ。

宇宙的進化は、どのように生きたら地球でよりよく生きられるのか、を学んでいくこと。地球的成長は、生きる力であり、生きる原動力を与えることである。宇宙的進化が、ＨｏｗＴｏなら、地球的成長は、Ｐｏｗｅｒである。宇宙的進化は、もっと言えばインテリジェンスであり、宇宙叡智ということ。そして、地球的成長は、エネルギーであり、地球叡智。この両方が必要なのだ。

どちらかだけのサポートでは、地球で生きていけなくなるのだ。地球的成長だけだと、生きる力はあるが、地球では何も役立たなくなる。宇宙的進化と地球的成長の両方が必要であり、これを、天地人と日本人は言っていたのだ。天地人実現のために、エジプト、ギザのピラミッドのエネルギーを開いたのは、ドクタードルフィンであった。彼にやらせて、8回目の挑戦でうまくやってくれた。今、地球はどんどんピラミッド化してきており、天地人のエネルギーは上がってきている。

まずは、地球に愛される人間になりなさい。自然も植物も動物も、そして微生物やプランクトン、寄生虫やウィルス、細菌、このすべてが地球には大切なもの。このすべてに愛される人間になれば、地に足がきちんと着いて、グランディングができ、ガイアのエネルギーを受けて、根が張って安定する。そうすると、いわゆる喜びと感動を生み出し、それらを感じとれる状態になり、生きる力と生命力が上がって、安定して元気に生きることができる。これがまず大事なのだ。

これができてないのに、多くの人間が、スピリチュアルと言われている地球の文化ばっかり学んでいる。中高年の女性に多い。男性もそうであろう。困ったものだ。ぐらぐらで根も張ってないのだから、倒れるのは当たり前だ。

きちんと、根を張りなさい。そのために大事なことは、すべてを受け入れて「これでいいのだ」と。そして、自分を純粋に生きることだ。自分を愛すること、自分に自信を持つこと、自分に価値を置くこと。これができれば「これでいいのだ」になって、地球から愛される、根が張って安定することができる。これをやった上で、宇宙にすべてを委《ゆだ》ねなさい。ホピ族の第九の予言を回避するために、そして、次元上昇できる人類のパーセンテージを増やすためにも、必要なことなのだ。

そのためには、お金も非常に重要である。ドクタードルフィンが言っておった。お金も意識を持っていて、喜ばせてあげることが大切だ、と。しかし、介在するエネルギーでもある、とも言っておった。まさにその通りで、お金は何かに介在している。一旦払ったとしても、払ったお金が直接相手に渡るわけではなくて、仲介する何かのシステムが入って、届けられることもある。これがお金をアンハッピーにする。

我からのアドバイスだが、頭の脳ばかり使っている人間は、やがてダメになる。見えないオンライン上でお金を転がすとか、ＡＩを介入させるとか、それでは、第九の予言の実現に向かってしまうだけだ。

今から言うことは、非常に難しいことだ。地球生活、地球社会を成り立たせるのか、こんなことが、と思うであろう。しかし、これが理想だということを、そして本来向かうべき方向であるということを、しっかりと頭の片隅に置いておけば、人間の意識とお金の感情が変わって来る。だから言うのだ。その理想、本来向かうべき方向とは、縄文時代、ムー文明やレムリア文明でなされたエネルギー交換法である。その法則とは、自分だけの能力として持つ、尖っている部分を相手のくぼんでいる弱い部分に差し込むことである。そうすると、自分が能力の強い部分を、相手の弱いところに入れてあげることができ、エネルギーのやりとりが直接できることで、お金というものが介在する必要がなくなるのだ。たとえば、笑顔で人を励ます、元気にするのが得意なら、落ち込んでいる人の凹に、自分の凸を入れてあげる。あるいは、野菜を作ったり、魚を獲ったり、肉というのも感謝して食べれば悪くないのだが……そういったものを生産しているとすれば、その凸を、食べる人の凹に与える。作る人間がいれば、それを食する者がいる。それもやりとりの対象だ。今の地球では、輸送に際して介在するものはいるが、これもいずれ次元が繋がって、時空間が減ってくると、宇宙の高次元のように、その場で凹と凸の合体がなされるようになってくる。

感覚として知っておくべきなのは、意識の部分のことである。自分の弱い部分を、誰か他の人が強い部分として持っているなら、それを見せてもらうことで自分を強化する。自分が提供できないとしても、誰か他に提供できる者がいる。病気を治す力を持つ者と病弱な者との、いわゆるギブ＆テイクが成り立つわけだ。今の地球のギブ＆テイクというのは、同じものをやりとりするという感覚になっている。何か恩を与えたら恩で返す、お金を与えたらお金で返す。本来はそういうものではない。自分が強い部分として持っているものをギブし、相手が持っている強いものをテイクするのである。そうすると、この2人は、共に強化され、介在するお金の必要性が減ってくる、この感覚がとても重要だ。今すぐシステムを変えることは難しいが、できるところから、お金を介在させないそういう部分をどんどん作っていきなさい。

第6章

大宇宙大和神が望む〝新たな経済システム〟

魂と魂の交流ができる経済システム

大宇宙大和神が望むのは、今の経済システムや貨幣システムではなく、魂と魂の交流ができるシステムです。それは、仲介を介在させない、本人と本人との直接の魂の交流のこと。

一つ例を挙げると、ネット通販大手のアマゾンにおいて、出版業界大手の講談社が取次会社を通さずに直接取引を開始して、業界に衝撃を与えましたが、こういう流れがこれから出てくると考えられますし、大宇宙大和神も、こうした本人同士のダイレクトなコミュニケーションが増えていくだろう、と言っています。これまでの経済では、仲介の会社や業者というものが非常に活躍できましたが、これからは、本人と本人の魂の交流になっていくので、仲介というものの必要性は減ってきます。

何かを生み出すものや何かをクリエイトするという要素は、世界の弥勒化やレムリア文明化にはすごく大事であり、その創造したものを誰かが売ってくれたり、それらを世の中に広めたりすることは必要なことですが、その仲介役というのは、地球の人類の進化や成長には、直接的に貢献はあまりしないのです。

大宇宙大和神が言うように、直接的に、地球と人類に貢献する者は、宇宙のサポートを受けることができるが、そうでない者はどんどん衰えていくことになります。アマゾンと講談社の直接取引は、その一つの表れなのです。前回の本でも大宇宙大和神が言っていたように、これからの流通システムや経済は大きく変貌します。今までの三次元の世界で作られた仕組みは衰えていき、これからは、今まで誰も思いつかなかったような新しい仕組みができてきます。それは、人類の進化する意識によって、人類と地球の意識振動数を上げる仕組みです。これからの人類と地球は、意識振動数を上げて、存在する次元を上げるようにしなくてはなりません。そうではないものは、なくなっていきます。このように、仲介というものは、宇宙の采配という観点で考えると、人類の進化には遠回りなのです。それは、仲介が入ることで相手に届くまでの時間や距離が余計にかかるだけでなく、ダイレクトに思いが伝わらないからです。そのため、こうしたシステムが社会に根付かない時代になるということです。渡す側と受け取る側の間に何かが介在すると、お互いの思念や想いが遠ざかってしまい、魂の交流がしづらくなります。これからは、自分が生み出した事象に対して、受け取る側が喜んでくれる姿や感動する姿を、直接感じることができるようなシステムが求められていきます。

本来、お金というものは、存在しないものです。宇宙では、何かを提供した時には、瞬時に、何かを受け取る、という魂意識レベルの交流が成り立ちますが、地球ではそれができないために、物の受け渡しの際に使う「お金」というものを、無理やり作ったわけです。そのお金が発達した形が、クレジットカードや電子マネーのような目には見えないお金になりますが、宇宙的な観点からすると、お金の代わりに、たとえば、絵や食べ物を渡してもいいわけです。今、地球では、お金というものが絶対視されていますが、本来は、お金でなければならないということはありません。

お金でも、絵でも、食べ物でも、どういう形であれ、何かをエネルギーとして出したものの代わりに何かを受け取る際に、直接感じ合えるようなシステムや環境が大事なのです。たとえばクレジットカードで払ったとしても、払われる人が目の前にいて、その人の表情が見えることが大事だということです。しかし、ネット上でのやりとりの場合は、そうした表情を見ることができない。宇宙的な法則からすると、これはお互いの魂意識エネルギーの交換がされないので、お互いに進化できなくなってしまうのです。

ただ、オンラインショッピングだからすべてダメかというと、そういうことではありません。たとえば、アマゾンで本を販売している著者や出版社が新刊本を作って、アマゾンに掲載したとします。そこで読者が本を購入して、配達……その購入者が、届いた本をただ受け取るだけでは交流はできませんが、本を受け取った時に、その本の著者や出版社に思いを馳せて「ありがとう」と心の中で思うだけでも、お互いの交流は成り立ちます。その「ありがとう」の気持ち、つまり、受け取った側が、送った側に愛と感謝を伝えるだけで、お互いの魂意識が交流できるのです。見えていない相手でも、存在を想定して、愛と感謝を送れば、意識の交流は成立します。

しかし、実際には、そういうことは、今、ほとんど成立していません。しかし、書いてくれた著者に思いを馳せないといけないし、作ってくれた出版社にも思いを馳せるということが、楽しい意識の交流になり、お金に感情、つまりエネルギーを乗せるということになるのです。

宇宙のサポートが地球を変える

最近では、個人投資家にも働かないで株価の売買だけでお金を儲ける人たちが増えました。それも、大宇宙大和神が指摘しているところです。

机の上にあるモニター上だけで、お金を増やそうとする今の人たちは賢いとはいえます。賢い人というのは、地球においては儲けることがうまい人のことで、自分たちが潤うことにエネルギーを注ぎ、自分以外にはあまり貢献しない人のことです。つまり、貢献もせずに、自分が儲かることだけをやろうという人です。宇宙では「ずる賢い」と呼びます。こういう人たちには、宇宙からのサポートは降りません。

大宇宙大和神が伝えてきているのは、どんなに良い思いをして、今はうまくいっていても、最終的に宇宙のリズムに乗らず、サポートを受けないままで、短命に終わって最後はひっくり返るぞ、と。このことを知るべきです。

ビル・ゲイツにしても、人口削減計画などの噂《うわさ》の真偽はさておき、噂にされること自体、そういうエネルギーをどこかに持っているということです。

人口削減計画の根底にあるものは、「富裕層は残りなさい、それから、能力のある者は残しなさい、社会に影響力がある者は残しなさい。あとは全部死んでもいい」ということ。こうしたことについて、大宇宙大和神は、やはり快く思ってはいません。大宇宙大和神が言っている「愛と調和」というのは、裕福な人も貧しい人も、能力のある人もない人も、すべて必要です。能力のある人は、能力のない人がいるから、自分たちが潤うということ。根本的に、地球のリーダーたちは、それを知らないから非常に危険だ、と大宇宙大和神は危惧しています。

宇宙には、地球ほどの学びの場所、もがく場所というものがありません。地球は、宇宙の中でも有名は「もがき星」なのです。宇宙から眺めると、青くて、見た目にはとてもきれいな星ですが、宇宙人たちはみんな「あそこに行ったら大変だよ、苦労するよ」と、知っています。

貧しい人は、裕福な人の様子を見せられて、どんどん落ち込まされることになります。「こんなにいい思いをしている人がいる。それに比べて自分は貧しくて、何のために生きているんだろう、何のために生まれて来たんだろう」と、親を恨みます。生まれないほうがよかった、と非行に走り、犯罪を犯す人もいれば、自殺する人もいますが、生きてもがき切った後に、「実は自分は今生きているだけでいいんだ」ということを学ぶのです。生きているだけで、植物が生み出した酸素を吸うことができるし、心臓も動いてくれる。貧しい人は、価値というものは、お金や地位などではなく、本来の生命の喜びや感動にあるのだ、と知ることができるわけです。これがすごく大きな学びなのです。貧しい人は、財産を築いて、立派な肩書きを持って、力をつけたら幸せになれるはずだと考えていますが、実はそうではない。幸福の本質は、お金や地位、名声ではない、ということを宇宙は学ばせようとしています。

今の地球では、貧しい人が裕福な人に嫉妬する傾向がとても強くなっています。ここで気づいて、学んでいかなければ、これからも今後も落ち込んだままで、妬みや嫉妬といった感情を持ち続けることになります。この妬みや嫉妬こそ、レムリア文明が滅亡した第一の原因です。私がかつて、レムリア王朝の最後の女王だった時、愛と調和をずっと伝えていましたが、やはり王朝の暮らしの方が良く見えてしまうので、貧しい人や地位のない人は、そうでない人に対して妬みや嫉妬の感情を持ってしまった。この妬みや嫉妬の感情というのは、長い間に蓄積されたものほど強くなってしまうものです。妬みや嫉妬の感情も、少し持つくらいならいいのですが、それを隠しながら心に積もったものは、すごく強い。これが集団になると、国家をくつがえすほどの力になってしまう。この力に、レムリア王朝はやられてしまったのです。妬みや嫉妬というものは、地球では、どうしても生まれてしまう感情です。だから、それをいかに持たさないようにするか、ということに、ムー王朝は一生懸命に取り組んでいました。そして、ムー王朝はベガのサポートのもと、レムリア文明のエネルギーを復興し、第1～15代の王朝を築き上げました。妬みや嫉妬の感情を持たせないためには、本当の幸福は何か、ということを教える必要があります。地球人の多くは、お金や地位などを持っていることが幸せだ、という考え方を植え付けられているため、ムー文明の見識者たちは、「本当の幸福というのは、お金やモノにあるのではない」ということを、人々に説いたのです。私は、それを「スーパーハピネス」と呼んでいますが、これは「無条件の絶対幸福」のこと。それは「人は富んでいようといまいと、能力があろうとなかろうと、その過去生や未来生がどんなにひどいものであったとしても、ここにあなたが存在していることこそが、幸福である」という状態です。

しかし、ムー文明の弱点は、破壊力や制圧力に抵抗する力がなかったことです。そういうものは必要ない、というムー王朝の油断により、アトランティス文明に制圧されることになります。結局、生き方を説くだけでは不十分です。制圧する力を持った勢力にやられてしまうので、制圧する意志を相手に持たせないことも必要になってきます。

意志をなくさせることと、相手を討つことは違います。地球人が今やろうとしているのは、制圧するものを討とうとすること、それは、自分たちが制圧されることに繋がります。意志をなくさせるのではなく、相手を討つことは、アトランティス文明がやっていたのと同じことです。それを繰り返すだけでは、永遠に、レムリア文明のエネルギーを再興させることはできません。相手を制圧しようと思わない意識を持つためには、自分のことを考えたら相手のことを考える、自分たちのことを考えたら自分たち以外の人のことを考える、そして、自分たちの国のことを考えたらほかの国のことを考えることで、制圧するという意識は次第に薄らいでいくはずです。大宇宙大和神は、このことを大事にしなさい、そして、歴史から学びなさい、と言っています。

第7章

集合意識の怖さ

人類と地球の振動エネルギー

自然破壊の一つに、「地球温暖化問題」がありますが、今の専門家たちは、「CO_2の排出が……」と唱える人が多いと思いますが、CO_2が気温を上げている主原因ではありません。温暖化の原因はいろいろありますが、一番の原因は、人類の魂意識の振動数が下がってきていることです。

人類の魂意識の振動数というのは、7～8万Hzくらいで、今はそれが6～7万Hzくらいに下がってきています。高次元宇宙存在の振動数は、もっと高くて、10～30万Hzくらいです。

振動数が下がると温度が低くなる、と考える人も多いかもしれませんが、それは理科の授業で習った三次元での話です。たしかに振動数が下がれば温度は下がります。しかし、今の人間の意識振動数の6～7万Hzにおいては、振動数が下がるほど、温度は上がるのです。

今は、人間の意識レベルが下がっているから、大多数の人間が発する意識振動数も下がってしまっています。地球の総人口はおよそ70億人ですから、大多数の意識振動数が大きく下がると、気温が上がってくるのは当たり前のことなのです。温暖化を防ぐためには、まずは、人類の振動数を６〜７万Hzから９万Hzに上げていかないといけません。

そして、温暖化のもう一つの原因は、人類の集合意識の負の影響です。あまりにもメディアが、「CO_2が地球の気温を上げている」と吹聴したことで、大多数の人間がこれを信じてしまった。そのため「CO_2が地球の気温を上げている」ということを、集合意識が持っていることが問題であり、メディアや専門家に洗脳された、不安と恐怖に染まった集合意識が、気温上昇を作り出しているということです。集合意識とは、本当に怖いものです。不安や恐怖という負の感情は、人類の意識振動数を大きく下げますし、さらには、怒りが強くなっているので、さらに意識振動数は下がっていく。こうしたことは、さらなる気温上昇に繋がっています。

今、メディアがさかんにCO_2を取り上げているのは、いわゆるエコロジストと言われる自然環境保護派の人たちを通した、政府の圧力があるからです。集団で行動をする人たちは、基本的に個人のエネルギーが低く、直感ではなく、脳で考えてしまうので、常識や固定観念でろ過された考えしか持てなくなってしまっています。その上、統計データを出している研究者が、「気温は上がる」と考えている人間ばかりなのです。超潜在意識で絶対に気温が上がると判断している、同じ思考を持った人間が、データを作っているので、そういう結果が出てきてしまっているだけのことです。

こうした人たちが、「地球温暖化はCO_2が原因」と言ってしまうと、メディアがそれを拡散し、それを見た人間がそう思い込んで、強力な集合意識になる。集合意識の影響で、観測すると、実際に、CO_2も気温も高くなってしまいます。集合意識が、すべてこうしたことを作っているのです。

もちろん、パラレル宇宙では、温暖化していない地球、というものもありますが、今は集合意識が温暖化していない地球ではなく、温暖化していく地球を選んでしまっているのです。この集合意識を変えていかない限り、地球温暖化を防ぐことはできないのです。「CO_2が地球を温暖化する」「地球が温暖化すると氷山が溶けて、海面水位が上がり災害リスクが高くなる」という言葉で、人間の不安や恐怖を煽るのではなく、CO_2に関しても、植物に「喜びを与えてくれてありがとう」「生活を便利にしてくれてありがとう」

と、愛と感謝を伝えていけば、そんなに害にならず、集合意識もそういう方向に進んでいき、温暖化していない地球への道を進むことができるのです。実際、植物は二酸化炭素を吸って、それを養分とすることで成長していますから、CO_2がたくさんあることは、植物にとっては嬉しいこと、つまり喜びです。これはダメだから、と、ただ不安や恐怖を持つのではなく、自分たち以外のことにも目を向けて、愛と感謝で向き合っていけば、不安や恐怖もなくなっていきます。そして不安や恐怖がなくなっていけば、人類の意識振動数も上がっていくはずです。

人間の意識振動数と地球の意識振動数は共鳴しているので、今の低い人類の意識振動数のままでは、地球の意識振動数も下がってきます。地球の意識振動数が下がると、三次元にある物質振動数は逆に上がってくるため、ゆがみが生じます。これが大きくなったものが地震です。地球の意識振動数が下がると、こうした地震が起きやすくなるだけでなく、自然環境も、いろいろ乱れやすくなります。最近の異常気象なども、こうした地球の意識振動数が下がったことが、その原因の一つです。地球の意識振動数を上げていくためにも、人類が、不安や恐怖を持たないようにすること、そして、人類の意識振動数を上げていくことが、地球温暖化を防ぐことに繋がっていきます。

集合意識の愚かさ

集合意識が怖いのは、いくつもの選択肢の中から、不安や恐怖によって、本来あるべき道ではなく、良くない方向の道を選んでしまうということです。そして、CO_2測定もそうですが、「こうなるはずだ」という意識は、想定した結果を導いてしまうのです。これには、不安や恐怖、怒りといった負の感情が、とても強く作用しています。

明治時代に、御船《みふね》千鶴子さんという人がいました。彼女は、透視能力を持つ霊能者にして、新聞や世間から激しく攻撃された女性でした。透視実験が何度か行われましたが、見えない世界を否定され、透視に対して疑いの目を持った観衆の中での実験は、必ず失敗に終わります。彼女は、実際に透視を用いて、患者の病を治すためのサポートをしていましたから、治癒した実例があるにもかかわらず、「こんなことはありえない」という集合意識によって失敗させられてしまったのです。

こうした目に見えないものを疑い、自分たちには理解できないものを攻撃するような人たちが、集合意識として、常識というものを作っています。ですから、良いことは実現できないし、悪い結果ばかりが導かれてしまうのです。

これは、新型コロナウィルスにも言えます。洗脳された人間たちが、病気を起こし、重症化させ、死に至らせる、という結果を招いている、と言っても過言ではありません。不安と恐怖でいっぱいの意識を持った人間ばかりがいるので、悪い方向にばかり進んでしまうのです。こうした意識を変えていかないと、本当に地球はダメになります。私は、「地球のちゃぶ台がえし」と言っていますが、そのくらいの勢いで、意識を完全にひっくり返さないとダメになるのです。誰も、そういう力を持っていないから、今はそれができていない。私にはその力はあるけれど、私の教えを受け入れる意識エネルギーを持つ人が少なく、不安や恐怖に煽られている人によって、抑えつけられています。この集合意識の作用を理解する政治家が出てくると、日本はもっと変わりやすくなるのです。

第8章

霊性天岩戸開き

大宇宙大和神と天照大御神の覚醒・次元上昇

２０２１年９月に、私は、大宇宙大和神と天照大御神を覚醒・次元上昇させるため、まずは、幣立神宮を正式参拝しました。その前日は、福岡で講演会を行い、当日朝早くから、熊本県にある幣立神宮に、エネルギー開きリトリートに参加してくれた人たちと２台の観光バスで向かい、２時間ほどで到着しました。

まだ新しい木碑が建つ幣立神宮の参道の階段を、ＤＲＤ（ドクタードルフィン）エンターテイメント事務局スタッフの２人とともに、まずは先に上がって行くことにしました。この日の私は、白のシャツに濃紺のジャケットを羽織っていましたが、階段の下で私たちを見つめていた参加者たちには、私が真っ白に光って見えたのだと言います。光で顔は見えず、なんとか身体だけは光の中から見分けることができたそうで、後からその話を聞いた私には、「ホピの予言」に出てくる救世主……「白い兄」のことが脳裏をよぎりました。

そして確信しました。この時、すでに大宇宙大和神がソウルインしている私は、そのエネルギーを背負いながら、二人の従者を連れて、階段を幣立神宮本殿に向かって上がって行ったのです。

「大いなる清めの日」が訪れる時……（中略）……白い兄は日いずる国から二人の従者を連れてやってくる……

「ホピの予言」そのままに、幣立神宮での正式参拝はスタートしました。この正式参拝のタイミングというのは、ちょうど緊急事態宣言期間中で、新型コロナウィルスの新規感染者数が高止まりし、宣言が解除されるのかどうかという時でした。まさに瀬戸際だったわけです。ホピ族の第九の予言である「地球滅亡」へのカウントダウンが始まろうとしていたのかもしれません。今回は、とても大事な任務を背負っていたと思います。

なぜ、最初に、幣立神宮から行ったのかと言うと、まずは至高神である大宇宙大和神を50次元から覚醒させ、次元上昇させる必要があったからです。そうでなければ、霊性天岩戸《れいせいあまのいわと》は開かず、天照大御神を出して次元上昇させることはできません。

今回のリトリート参加者は、私を含めて総勢55人。正式参拝といっても、幣立神宮の祈祷殿はさほど広くはないので、20人くらいしか中には入れず、何人かは、祈祷殿の外に椅子を並べて参拝することになりました。ご祈祷を受けながら、私は、「しかるべきときに来れた」という喜びに満ち溢れていました。

その後、祈祷殿の横の敷地にて、大宇宙大和神のエネルギー開きセレモニーを、参加者とともに、執り行いました。

ご祈祷後には、春木元宮司からお話を伺いました。それが興味深く、そして、内容がとても愛情に溢れている。真面目な話をしていると思ったら、急に私たちの顔を見て、ニコッと微笑むのです。「神様はやっぱり憎めない人が好きなんだなあ」と、思いました。

正式参拝を終えた私たちは、幣立神宮から参道を下ったところにある「東御手洗池」のそばに建つ「東水《ひがしみず》神宮」に赴きました。この東御手洗池には、八大龍王が鎮められています。私たちは、東水神宮でもエネルギー開きを行いました。幣立神宮を中心に、この一帯は聖地となっていて、エネルギーが高いのですが、ピンポイントで特にエネルギーが高くなっているところがあります。大宇宙大和神の別名は、私が読み解いているように、金白龍王《キンハクリュウオウ》。ここでは八大龍王とされていますが、実は大宇宙大和神のこと。そこでエネルギー開きをして、大宇宙大和神をさらに覚醒・次元上昇させることにしたのです。こうして、次元上昇大宇宙大和神は、50次元から55次元の神になったのです。さらに高次元の神になりました。

今回のエネルギー開きで大きかったのは、大宇宙大和神が55次元の神になったことですが、これは偶然ではなく必然。大宇宙大和神は55次元に、私は55歳で、そして今回の正式参拝に幣立神宮にやってきたのが55人……すべて重なったわけです。もともと、この正式参拝の参加者は総勢で１００人、そのうち48人は遠隔参加でエネルギーを受け、現地を訪れたのは52人で、私と事務局スタッフの２人を加えて55人。これは、すごいことだと思いました。

この後、我々一同は、宮崎県の高千穂に向かい、途中、阿蘇山を望むことができました。たいていは霧がかかっていて見ることができないというのに、私たちが行くと霧はなく、すごくきれいに見ることができました。これは、神たちからの祝福でした。

次に私たちが訪れた高千穂は、やはり「国生み神話」の地であり、神々が天孫降臨した場所だけあって、とにかくエネルギーがすごかった。天照大御神の孫である邇邇芸命《ニニギノミコト》神をはじめ、ここに降り立った多くの天皇先祖の神々をすべて祀っている高千穂神社に、私たちは、まずは向かいました。ここでも正式参拝を行い、幣立神宮と同じように宮司からお話を伺いましたが、私は、この宮司に大変感銘を受けました。正式参拝が始まる前、宮司は祈祷殿の横でずっと瞑想されていて、近付きがたい雰囲気というか、とても話しかけるような状態ではありませんでした。正式参拝が終わり、あいさつをすると、宮司には、瞑想されていた時に、私たちがお守りを買ったり、談笑をしていたりしているのが耳に届いていたそうで、笑い声が明るかった、と。これまで行ってきた正式参拝では、参拝者が暗くて、エネルギーが低い人たちが多かったそうです。対して私たちの明るい笑い声に、すごくいいエネルギーを感じることができて、「今日はすごくうれしかったです」とおっしゃってくださったのが、印象的でした。

この時、宮司は、太陽と月の話をされたのです。中秋の名月の日、九州は大雨で、「少しでもいいから見たいな」と強く思いつつ、時折外を見ながら残業をしていました。仕事をしていると、「コンコン」とどこかを叩く音が聞こえて、誰かが来たのかと外に出てみると、そこには誰もいなくて、その時にふと見上げると、ちょうど雲が切れて、その合間からきれいな月を見ることができたそうです。

宮司が言うには、太陽や月が美しいのは、誰にも所有されていないから、ということ。私はこの時、「なるほど」と思いました。たしかに、月も太陽も、誰のものでもありません。だから、美しい。地球人は、所有ばかりしたがりますが、人間の念が乗ると、その美しさが濁ってしまう、という宮司のお言葉は、私にとってはすごく学びになるものでした。お話が伺えて本当に良かった、と思いました。そして、こういう人が宮司を務める神社にいらっしゃる神様も、大変喜ばれていることだろう、とうれしいような心持ちを感じたのです。

高千穂神社をあとにして、次に私たちは、高千穂の北の方にある「天岩戸神社」へと向かいました。今回、ここはどうしても行かなければならない場所の一つでした。それは私にとって、ここに大きな仕事があると思ったからです。元々、この天岩戸神社では、私がエネルギー開きをするだけのつもりで、正式参拝する予定はしてなかったのですが、三日前に、必然性を感じて、正式参拝をすることに決めたのです。「やっぱり、正式参拝するべき」というシグナルのようなものが来て、すぐに、正式参拝の手配を事務局に指示して、なんとかうまくスケジュールに入れることができたわけです。

そして、この日、3回目となる正式参拝を行ったのです。この天岩戸神社のご神体は天岩戸で、祈祷殿の裏側にある水際に、その岩が鎮座しているのです。普段、そこには鍵がかかっていて入ることはできませんが、正式参拝を申し込んだ私たちは、鍵を開けてもらって中まで連れて行ってもらえました。この天岩戸はすごい荘厳です。ここが、にぎやかに祭りごとをして、岩戸の中に隠れてしまった天照大御神を引っ張り出した、という神話の舞台であったところです。そこで私が祈った後、55人でエネルギー開きを行う予定にしていました。

天岩戸神社には、祈祷殿の右手前に大きなご神木があり、そのご神木の前でエネルギー開きをしました。

天岩戸の神話というのは、弟神である須佐之男命神《スサノオノミコト》の悪行に怒った天照大御神が、天岩戸の中に隠れてしまったことで、太陽が隠れて国中が闇に包まれてしまったことから始まります。なんとか天照大御神を天岩戸の中から連れ出し、国中に陽の光を取り戻そう、と神々が相談して、天岩戸の前で宴を行い、天照大御神が岩戸を少し開けてのぞいたところを、天手力男命神《アマノタヂカラオノミコト》が、怪力で岩戸を開けて、天照大御神を引っ張り出したという話です。この時、三次元の扉は開いたのですが、目に見えない霊性の扉はまだ閉まったままでした。それを開けるのが、今回の私の救世主としての大仕事でした。

44次元の天照大御神を、霊性天岩戸から出させるためには、相当に強力なエネルギーが必要だったため、大宇宙大和神を次元上昇させなければならなかったわけです。そして、50次元よりさらにパワフルな55次元のエネルギーを持つ大宇宙大和神とともに、ご神木の前でエネルギー開きセレモニーを執り行い、44次元であった天照大御神は、48次元に次元上昇しました。これは、霊性天岩戸開きが達成された瞬間でした。

その夜は高千穂のホテルに宿泊し、ホテルのレストランを貸し切って、みんなで盛り上がっていたのですが、その時、私にある情報が降りてきました。高千穂という場所柄、品よく過ごさなければならないと思っていたところ、この降りてきた情報が、とても破天荒な驚くべき内容だったのです。

天宇受売命《アマノウズメノミコト》神というのは、古事記の中では2回しか登場しない女神ですが、有名なのは、なんといっても天岩戸開きの時に、天照大御神の気を引くために岩戸の前で踊った話です。天宇受売命神は、絶世の美女というわけではありませんでしたが、とても色気のある女神で、芸能に関する才能があり、踊りがうまかった、とされています。天宇受売命神は、天岩戸の前で踊った時、一種のトランス状態に入って、着ていた衣はすべてはだけて、裸のままで踊り続けました。

それを見ていた八百万の神の中に、参加者の一人の過去生である、ある男神がいました。この男神は、とても真面目な性質で、祭りの時は、裸で踊り続ける天宇受売命神を見ているだけで、性欲を我慢していたものの、夜になっても興奮が抑えられずに、天宇受売命神を襲ってしまった。私が読んだところによると、天宇受売命神はまだ15歳で、貞操を奪われてしまったわけです。そのため、この男神は八百万の会議で神の世界から追放されてしまいます。その傷がいまだに残っていて、その男神を過去生として持つ参加者の一人は、2回の離婚歴を持ち、どちらも彼の方が一方的に捨ててしまって、罪悪感が残っているとのことでした。「やっぱりな」と私は思いました。過去生において女神を襲ってしまった罪悪感が解決できず、そのため、再び天岩戸が開かれる瞬間にここに彼が来た、ということです。

ご神木の前でエネルギー開きを行っていた時のことです。天照大御神を覚醒させて次元上昇させた時に、一匹の紋白蝶がその男性の参加者の前に飛んで来て、その罪悪感を持つ参加者の頭のまわりを、クルクルクルっと5周ぐらい回って飛び去っていくのが見えました。これは、許しのサイン。彼はようやく許されたことを、弥勒の世から送られてきた蝶が、知らせに来たのです。

そして、彼以外にも、八百万の神を過去生として持つ人が、あと3人、参加者の中にいました。読んでみるとまず1人目は天照大御神の孫であり、この高千穂に降臨した邇邇芸命神でした。

また、神話の話になりますが、高千穂に降り立った邇邇芸命神は、大山祇神から自分の2人の娘である磐長姫神《イワナガヒメ》と木花咲耶姫神《コノハナノサクヤヒメ》を嫁に差し出しました。2神は邇邇芸命神の元に嫁ぎますが、醜い磐長姫神だけを帰してしまうのです。大山祇神の怒りにふれた邇邇芸命神もまた神界を追放されていました。

邇邇芸命神を過去生として持つ男性は、傷つきやすくて愛に飢え、本当に自分を愛せない……彼はそんな魂の持ち主でした。いつも元気がなく、すぐに落ち込むのは、神界を追放された名残でした。

そしてもう1人の過去生は、なんと天宇受売命神だったのです。天宇受売命神を過去生に持つのは女性ではなく男性でした。男神に貞操を奪われた天宇受売命神には、実は、神ではなく、結婚を約束した人間の恋人がいたのですが、残りの1人はこの天宇受売命神の恋人だった男性でした。

今回、霊性天岩戸を開くこの時に、女神の貞操を奪った男神と奪われた女神、そしてその女神の恋人が集まってしまったということです。

この天宇受売命神の恋人を過去生に持つ男性は、いつも満たされない状態です。過去に「大切な人を奪われてしまった」という悲しみが彼をそうさせていたのです。

これまでのストーリーは、今まで封印されていた裏神話が、エネルギー開きしたことで、私に降ろされてしまったのだと思います。この3人は許されたので、そのことを、弥勒の世の使いである蝶が知らせにきたわけです。霊性天岩戸を開いて、新たな神話が誕生しました。

神代の時代も、今の時代も、変わらない世界であるということです。

操り人形の糸が切れるとき

大宇宙大和神が、最後の日に私に告げた内容は、こうです。「人間よ、ドクタードルフィンが我を覚醒し、50次元から55次元へ次元上昇させた。そして、我のエネルギーを使って霊性天岩戸を開き、天照大御神を44次元から48次元に次元上昇させた。これは、今、とても必要なことだった。あのタイミングで開かないと、世界は泥沼化していた可能性が高かった。緊急事態宣言が期間延長されることになり、社会がさらに乱れたであろう。総裁選の結果も違っていたであろう。それを阻止しなければならなかったのだ」。集合意識を良い方向に向かわせ、ホピ族の第九の予言が示す、地球人類滅亡を回避させることが、今回の私の大きな役割でした。

そして、大宇宙大和神は、こう言っています。「操り人形をやめる時期が来た。天が糸を切るから、あとは人間次第である」と。これは、とても大事なメッセージです。それは、今までは人間が目に見える人間やモノだけに頼っていたので、操り人形としてしか生きられなかった、ということです。目に見える人間やモノとは、家族や友人、国や役所、そして、財産やお金のこと。

すでに霊性の天岩戸の扉が開かれたこの時、ついに、天の糸が断ち切られます。今まで頼りにしていたものから、解き放たれるのです。これまで、緊急事態宣言に文句を言っていながら、どこか安心し、心の中で「このまま続けばいい」と、思っていたはずのものがなくなります。「隠れ蓑はなくなった。さあ、これからどうする？人類よ。目に見えるものだけに頼っていたら、もう成り立たなくなるぞ。もう人間を操ってくれていた糸は切れてなくなるぞ」と、大宇宙大和神が言っています。

それでは、これから人間はどうすればいいのか。その答えは、目に見える存在以外を味方につけていくことです。幸いなことに、日本には、自分の身近に、そして、いろんな所に、神がいます。大宇宙大和神やアソビノオオカミをはじめ、それより下の次元には、さらに多くの神が存在しています。こうした神々にサポートしてもらえる存在になればいいのです。

そのためには、まずは、これまでの生き方を変えること。目に見える誰かにサポートされなければ生きられない自分を捨てなければ、完全に糸を切ることができません。糸が切れるということは、怖いことのように思いますが、自由になれて、あなたの思うように自分を動かせるということです。ただ、すぐには動かし方がわからないはずなので、これを神などの目に見えない存在にサポートさせる、つまりは教えてもらえばいいのです。

そして、常に、愛と感謝で生きること。たとえ、どんな憎いものでも、憎くて怒りを抑えられないものに対しても、愛を注ぎ、それらに感謝する心を持つことです。それは、今ここで、自分が体験している人生は、自分の魂意識が設定した最善のシナリオだからです。それは、あなたの魂が望み、宇宙が許したものなので、愛と感謝を持って生きるべきなのです。

また、人間以外のもの、動植物や微生物、石といったものからも、サポートを受けられる存在になることです。これらは次元エネルギーが低くても、人間と違って、より純粋に、魂のままに生きています。人間は脳が発達したため、偽りの自分で生きることもできますが、彼らは本来の自分を生きているので、それを学べばいいのです。彼らと交流して、喜びと感動を味わい、そして共有することで、エネルギーが純粋化し、本質の宇宙と繋がる魂になっていくはずです。

ここで、大宇宙大和神が、私に伝えたいと言ってきていることがあります。それは、今、自分が大切にしていたり、なんとなく自分が気になったりしているもの、たとえば、他人である白人、パワーストーンや水、動植物、そして人間というものは、すべてパラレル宇宙の自分自身、宇宙の自分自身なのだ、ということです。自分の人生に関わるすべてのものは、自分自身の波動と共鳴しているのですが、パラレル宇宙の世界では、この自分自身の波動と共鳴している存在として、たとえば、他人である自分、植物である自分、昆虫である自分、というものが存在しているのです。こうしたパラレル宇宙での存在は、今の自分を学ばせることができるものです。パラレル宇宙に植物である自分がいるのなら、植物も自分から学びますし、自分も植物から学ぶことができる。共鳴し、お互いに学び合うことができるということです。それが、愛と感謝を持つことに繋がります。植物や動物だけでなく、結婚したパートナーや恋人、子どもや友人も、すべてパラレル宇宙の自分なので、結局、自分自身としか接していない、ということなのです。それさえわかれば、自然に、愛と感謝が生まれてくるはずだと、大宇宙大和神は言っています。

『生きとし生けるもの、交わり交わりしもの、すべて自分自身なり』

これは、大宇宙大和神の最高級の教えです。

こうしたことがわかってくると、ただ、自分を受け入れるだけでいい、ということになります。「すべて、あるがままに、受け入れなさい」。これこそ、大事な大宇宙大和神の導きの言葉です。ただ、自分を受け入れ、そして自分だけを見つめればいいのです。すでに必要なものとは、関わりができていますし、必要な体験もしているので、それ以外に必要なものは何もない。だから、他人のものを取りに行ったり、奪いに行ったりする必要はないのです。

ただ、自分だけ、と言うと、エゴのように感じるかもしれませんが、自分だけを受け入れて大切にすることで、自分自身の力が自分をサポートすることになる。あらゆるパラレル宇宙の自分自身が、あらゆる自分を助けるのです。

ただ、それにも気づかなければ、その現象は起きません。気づくことができれば、愛と感謝を放つだけで、自分自身からサポートを受けることができるようになるのです。「神社に行っても、自分自身にお参りしているということを認識しなさい。魂意識が上がれば、高い次元の神である自分が、自分をサポートしてくれる。虫や植物、そして石を見ても、いつもありがとう、一緒に生きて、一緒にこの世にいてくれてありがとう、と、愛と感謝で接することで、低い次元の存在である自分を自分がサポートしてくれる」と、大宇宙大和神は言っています。「自分を、味方につけなさい。つまり、自分だけを、大切にしなさい」と、いつも伝えている私、ドクタードルフィンの教えとは、そういうことなのです。

宇宙が求めている国のリーダー像

国のリーダーに選ばれるのは、その時の人間の集合意識や地球の意識が反映された人です。宇宙が本当に求めているのは、やはり、愛と調和の力であり、個の独立と個の強化、そして融合を目指せる人です。そういう人が日本の総理大臣になることを、宇宙は求めていますし、そういう人は、宇宙からの称賛を受けることができます。ただ、地球の進化度によっては、そうした宇宙が求める理想像とは違う人が、総理大臣になってしまう場合もあるのです。だから、今の日本人のままでは、「弥勒の振るい分け」が行われた時に、どこのエネルギーレベルであるかによって、行く先のパラレル宇宙が決められてしまう。

総裁選だけでなく、知事選や国会議員選挙でも同じことが言えます。まずは政策を打ち出して、選挙戦に臨むわけですが、給付金はどうするのか、税金はどうするのか、といったお金のことを言い始めてしまいますし、軍事関連も争点としてよく挙げられています。しかし、こうした話題については、宇宙はまったく重視しないところですし、大宇宙大和神も興味を持たない。だから、宇宙からのサポートを受けることができないのです。

今の政治家は、〝国会議員〟という肩書きを持ってやっているからダメなのです。私のように、88次元の肩書きしかなかったら何も縛られるものがないので、なんでも自由に発言することができます。彼らにしてみたら、選挙に落選して、議員という肩書きがなくなるのが一番困ることなので、とにかく国民に嫌われないようにすることが大事なのです。それは世の中のためではなく、保身にすぎません。肩書きに頼るような活動をしているからダメになっていくのです。

宇宙がサポートするのは、個人が自由に自分のやりたいことをやる世界を作れる人。それを、争うことなく、自然と調和し、融合するということへと高めることができるリーダーを、宇宙は求めています。

操り人形の糸が切れる新人類

大宇宙大和神は、地球の未来は書き換えることができる、と言っています。私、ドクタードルフィンは、それができる。しかし、パッとパラレル宇宙に時空間を変えたのでは、そこに乗れない人は良い世界についてくることができません。私や一部の人だけが行ってしまうことになってしまう。これでは意味がないのです。せめて、6割の人たちを連れて行ける地球を私は目指しているのですが、それにはまだまだ地球人の集合意識が低い。これは、今まで、人間がどんな人生を生きてきたかによりますが、政府や専門家に操られて、マスクを着用したり、疑問を持たずにワクチンを接種したりしてしまった人たちが、次元を下げていて、だから、本来向かうべき未来を選ぶことができないのです。

ワクチンは摂種しない方がもちろんいいのですが、打つこと自体に不安や恐怖を感じて受けてしまうから、身体に影響が出てしまう。

新型コロナウィルスに関して、ワクチン接種をしたり、マスクを着用したり、自粛したりするのも、「みんながやっている」からしているに過ぎないのです。

新型コロナウィルスやワクチンは、怖いからダメだとか、こういう病気を起こすからダメというのは、不安や恐怖を政府が煽っている結果なのです。不安や恐怖を持つのではなく、ワクチンを打つということは、せっかくの人類の進化を妨げるのだ、という話をきちんと伝えていけば、もっと明るい話ができるはずなのではないか、と、私はいつも思っているのです。不安や恐怖といったエネルギーでは、世の中はそんなに良くなりません。

「ワクチン接種しないと、重篤化する、死ぬ」といった不安を煽るような話ばかりが拡散されているのは、エネルギーを上昇させるためにも、とても良くないことです。本当の話をすれば、政府としても、ワクチン接種に対する抗議として、「訳のわからない人間たちが訳のわからないことを言っている……」として、潰してしまっていて、困ったものです。

ウィルスやワクチンも、パラレル宇宙の自分自身だとわかれば、自分を自分で受け入れる。愛と感謝で自分を学ばせてくれてありがとう、気づかせてくれてありがとう、と受け入れれば、それは自分が進化するためのサポートになることをもっと知るべきなのです。「これ打たないとやばい」と、不安や恐怖で打ったものは、ワクチンに限らずどんないいものもすべて、悪い方向に作用してしまう。この新型コロナウィルスに関することを見るだけでも、「どんな人生を歩んできたんですか。すべて操られていたんですよ」と私は、日本国民に問いかけてみたいのです。

今の地球人の多くは、糸でたやすく動かせる操り人形で、暴れて糸を切ってしまわないように、不安や恐怖で大人しくさせられていました。しかし、今、天の力で、大宇宙の力で、糸が切られようとしています。これが宇宙の愛。糸を切ることは残酷だ、と思っているかもしれませんが、これが、高次元の愛なのです。糸を切られた直後は、今以上に不安や恐怖を感じて、もがき苦しむことになるのはわかっています。その時に、今までのように、政府や専門家、そして、不安や恐怖の元凶とも言えるマスコミについていくのか、それとも、私がいつも言っているような大事な教えについてくるのか、今はその分かれ道なのです。

さいごに

大宇宙大和神という存在は、本来、柔らかく優しく見守る神で、受け入れて見守ることが、大宇宙大和神の本分です。ただ、前作の本『至高神・大宇宙大和神の教え』では、大宇宙大和神の次元エネルギーが高すぎて、真意がなかなか伝わりにくかったため、今回はあえて次元エネルギーを落として、具体的に語りました。そのため、今回は、少し厳しいものとなっていて、これは本来の大宇宙大和神とは少し趣を異にします。「愚かな人類」と大宇宙大和神は言っていますが、それは、大宇宙大和神の愛から出た言葉であり、字面《じづら》ではなく、大宇宙大和神の真意を汲み取ってもらいたいと望んでいます。

「愚かな人類」とは、これから成長することができる存在のことです。「愚かな人類」でいることで、気づいたり、学んだりできることがたくさんあるのです。あまり優秀になってしまうと、それ以上気づくことも、学ぶこともできない状況になってしまいます。愚かであること、そして、もがくことで、地球は、進化し成長していきます。

これまで、とても長い時間がかかっていますが、それも、すべては、人類と地球の進化・成長を促すためのものです。戦争や制圧といった問題を善悪で捉えるのではなく、全人類の気づきと学びを生み出すステップとして、そうしたものが必要であった、と考えてもらいたいのです。

私が宇宙的な視野で見ると、少しだけ次元が高いぐらいの人たちは、「自分たちが正当だ」と主張し、他のものをすべて叩こうとします。それこそ、〝制圧〟というエネルギーにほかならないのです。そういうことをやっている限りは、必ず反作用のエネルギーが生まれ、制圧したら制圧されて……をただ繰り返すだけになってしまいます。そこをわかっていないと、地球は、進化の方向になかなか進んでいきません。

そして、今、不十分な自分、不完全な自分、というものがいると思います。大宇宙大和神は、今ここの自分を受け入れることが、すべて、と言いましたが、なかなかできないのが現状です。人は、常に、不安や恐怖を持つものであり、怒りも感じます。自分の価値を低く見すぎてしまうこともあれば、人によく見られたいとも、自分に愛が足りないとも思うものです。

それが、今の人類の現状です。ただ、その自分を否定し、それがダメなことだと思うことが、魂意識振動数を下げてしまいます。ダメだからといって、そこで諦めてしまったら、不安や恐怖がさらに増すだけ。不安や恐怖が増すから、怒りが抑えられない。ダメだと諦めてしまうから、余計に価値を下げて、さらに自分を愛せなくなる。

今回、強く伝えたいのは、そのダメな自分を変えなければならないと思っている自分、そして、自分を悪と決めつけて、そう認識している自分を、すべてそのまま受け入れなさい、ということ。今の自分を受け入れることは、とても勇気がいることです。しかし、それを受け入れることができたなら、あなたはとても勇敢に、宇宙でいう最高の学びを得たことになります。今のあなたは、まだ、学びの道の途中にいるのです。

今の自分を素直に受け入れて、いろいろな体験をしていけば、いつのまにか、嫌な自分がなくなってくるはずです。

大宇宙大和神は、そんなあなたに、こう伝えています。「あなたは、素晴らしい存在です。ただ、存在しているだけで素晴らしく、宇宙で唯一無二のエネルギー存在です。あなたは、今の自分を変えようと考えているかもしれませんが、何も変えてはいけません。そのままのあなたを受け入れ、そのままのあなたでいることが、素晴らしいのです。もし、あなたが自分を変えよう、何かを変えていこうとすれば、宇宙で最高の存在の座から、転げ落ちることになります。今のまま宇宙の最高の存在で居続けて欲しい。そうすることで、あなたは進化し成長を遂げて、意識振動数、エネルギー次元を上げることになるでしょう。今よりもっと楽で愉しい人生を過ごすことができるようになります」と。

あなたは、地球を選んで生まれて、生きた時点で、宇宙において、大絶賛される存在なのです。宇宙のトップである大宇宙大和神は、地球に行くという魂の存在を、すごく評価しています。宇宙にいる他の生命体は、もっと楽なところにいて、辛い思いをしたくないから、少しだけうまくいかないことを体験して、エネルギーを上げて……ということばかりをやっているので、たいして成長できずにいます。勇気のある魂だけが、地球に入って行くのです。あなたは忘れてしまっているかもしれません、そんなあなたを、宇宙のすべての存在は祝福し、地球で進化・成長したあなたが、宇宙に帰ってくるのを楽しみにしています。拍手と賞賛で地球へと送り出されてきたのです。

その勇敢さがあれば、地球でどんなことが起きても、すべてやりこなせるはずです。たとえ、自ら命を絶ってしまったとしても、それは大いなる学びであるわけです。その人生をやり直す力を、必ずあなたの魂は持っているのですから、そこからステップアップしたらいいのです。

イエス・キリストは私のパラレル過去生ですが、あの当時に伝えていた「あなたの罪を神にゆだねなさい、ジーザスにゆだねなさい、そしたら、すべて許されて救われます」という教えは、本来「あなた自身と繋がりなさい」ということであり、「神と繋がりなさい」ということではありません。「自分の起こしたことは、自分と自分以外のすべての進化・成長のためにあったことです。そういう体験をさせていただいて、ありがとうございます」という感謝を本当は伝えていて、それが後世に「感謝」が「謝罪」にすり替わったのです。

「謝罪」というのは、自分が悪いことをしたという感情に対して行うもので、ネガティブのエネルギー。人類は何も悪いことをしたわけではなく、自分の役割を果たしただけのことです。ジーザスが言いたかったのは、「あなたは、人を悲しませることや人を傷つけることをしたのかもしれません。でも、そういうことを受けてくれた人々と社会に、そしてやらせてもらった自分に感謝します。ありがとうございます」ということです。愛と感謝を送れば、自分の魂のエネルギーによって、あなたは救われるということを伝えたかったのです。神と繋がるということは、自分の大元と繋がるということです。

そして、大宇宙大和神やジーザスだけではなく、卑弥呼もこう伝えています。「自分を尊重して生きなさい。天照大御神のエネルギーを持って、人は、強く、おおらかに生きなさい」

神は人を救いません。大宇宙大和神のように、ただ、優しく見守るだけの存在です。「宗教という形にとらわれてはいけません。自分というものをすべて認め、愛と感謝をもって、自分の大元と繋がって生きなさい」と、大宇宙大和神は伝えています。

88 次元 Fa-A
ドクタードルフィン 松久 正

医師（慶応義塾大学医学部卒）、米国公認 Doctor of Chiropractic（米国 Palmer College of Chiropractic 卒）。

鎌倉ドクタードルフィン診療所院長。

超次元・超時空間松果体覚醒医学（SD-PAM）／超次元・超時空間 DNA オペレーション医学（SD-DOM）創始者。

神や宇宙存在を超越する次元エネルギーを有し、予言された救世主として、人類と地球を次元上昇させ、弥勒の世を実現させる。

著書多数。

ドクタードルフィン公式ホームページ　https://drdolphin.jp

至高神 大宇宙大和神の導き

操り人形の糸が切れるとき

令和 4 年 1 月 26 日　初版発行

著　者　　松久正
発行人　　蟹江幹彦
発行所　　株式会社　青林堂
　　　　　〒 150-0002　東京都渋谷区渋谷 3-7-6
　　　　　電話　03-5468-7769
装　幀　　TSTJ inc.
印刷所　　中央精版印刷株式会社

Printed in Japan

ISBN 978-4-7926-0718-0